时代印记

王志艳◎编著

寻找

雷锋

延边大学出版社

图书在版编目（CIP）数据

寻找雷锋 / 王志艳编著 . —延吉 : 延边大学出版社，2013.8(2020.7 重印)

ISBN 978-7-5634-5910-0

Ⅰ . ①寻… Ⅱ . ①王… Ⅲ . ①雷锋（1940 ~ 1962）—传记—青年读物②雷锋（1940 ~ 1962）—传记—少年读物 Ⅳ . ① K825.2-49

中国版本图书馆 CIP 数据核字 (2013) 第 209688 号

寻找雷锋

编著：王志艳
责任编辑：李 宁
封面设计：映像视觉
出版发行：延边大学出版社
社址：吉林省延吉市公园路 977 号 邮编：133002
电话：0433-2732435 传真：0433-2732434
网址：http://www.ydcbs.com
印刷：唐山新苑印务有限公司
开本：690 × 960 1/16
印张：11 印张
字数：100 千字
版次：2013 年 8 月第 1 版
印次：2020 年 7 月第 3 次印刷
书号：ISBN 978-7-5634-5910-0
定价：29.80 元

前言

历史发展的每一个时代，都会有对后世产生巨大影响的人物，都会有推动我们前进的力量。这些曾经创造历史、影响时代的英雄，或以其深邃的思想推动了世界文明的进步，或以其叱咤风云的政治生涯影响了历史的进程，或以其在自然科学领域中的巨大成就为人类造福……

总之，他们在每个时代都留下了深深的印记，烙上了特定的记号。因为他们，历史的车轮才会不断前进；因为他们，每个时代的内容才会更加精彩。他们，已经成为历史长河的风向标，成为一个时代的闪光点，引领着我们后人走向更加深邃的精神世界和更加精彩的物质世界。

今天，当我们站在一个新的纪元回眸过去的时候，我们不能不提起他们的名字，因为是他们改变了我们的世界，改变了人类历史的发展格局。了解他们的生平、经历、思想、智慧，以及他们的人格魅力，也必然会对我们的人生产生深刻的影响。

为了能了解并铭记这些为人类历史发展做出过巨大贡献的人物，经过长时间的遴选，我们精选出一些最具影响力、最能代表时代发展与进步的人物，编成这套《时代印记》系列丛书，其宗旨是：期望通过这套青少年乐于、易于接受的传记形式的丛书，对青少年读者的成长产生潜移默化的影响，使他们能够从中吸取到有益的精神元素，立志奋进，为祖国、为人类作出自己的贡献。

前言

本套丛书写作角度新颖，它不是简单地堆砌有关名人的材料，而是精选了他们一生当中最富有代表性的事迹与思想贡献，以点带面，折射出他们充满传奇的人生经历和各具特点的鲜明个性，从而帮助我们更加透彻地了解每一位人物的人生经历及当时的历史背景，丰富我们的生活阅历与知识。

通过阅读这套丛书，我们可以结识到许多伟大的人物。与这些伟人“交往”，也会进一步提高我们的思想品格与道德修养，并以这些伟人的典范品行来衡量自己的行为，激励自己不断去追求更加理想的目标。

此外，书中还穿插了许多与这些著名人物相关的小知识、小故事等。这些内容语言简练，趣味性强，既能活跃版面，又能开阔青少年的阅读视野，同时还可作为青少年读者学习中的课外积累和写作素材。

我们相信，阅读本套丛书后，青少年朋友们一定可以更加真切、透彻地了解这些伟大人物在每个时代所留下的深刻印记，并从中汲取丰富的人生经验，立志成才。

导言

Introduction

雷锋（1940—1962），原名雷正兴。湖南省长沙市望城县（今望城区雷锋镇）人。平凡而伟大的共产主义战士，中国人民解放军全心全意为人民服务的楷模。曾任中国人民解放军工程兵工兵第十团运输班班长，抚顺市第四届人民代表大会代表。在他短暂的一生中，雷锋助人无数，伟大的领袖毛泽东主席于1963年3月5日亲笔为他题词“向雷锋同志学习”，并将每年的3月5日定为学雷锋纪念日。

1940年12月18日，雷锋出生于湖南省望城县一个贫苦的农民家庭，7岁时沦为孤儿。幸而在好心的穷乡亲们的拉扯下，他才挣扎着活了下来。

直到少年时代，雷锋的新生活才真正开始。在党和人民政府的关怀下，他开始幸福地成长，不仅参加了儿童团，进入小学读书，还第一批加入了中国共产主义少年先锋队。

1956年，雷锋小学毕业后参加工作，先后在乡政府担任通讯员和在中共望城县委担任公务员。在工作期间，他积极认真，埋头苦干，被县委机关评为“工作模范”。

1957年2月，雷锋加入中国共产主义青年团。此后，他相继在望城县沩水工程指挥部、团山湖农场和辽宁鞍山钢铁公司化工总厂担任拖拉机手和推土机手，期间工作出色，并乐于助人，因而多次被评为“红旗手”“劳动模范”“先进生产者”和“社会主义建设积极分子”等，还出席了鞍山市青年积极分子代表大会。

1960年1月8日，雷锋应征入伍，并于同年11月光荣地加入了中国共产党。在部队的培养教育下，他进一步提高了政治觉悟，牢固地树立了全心全意为人民服务的思想和为共产主义奋斗终身的远大目标。他忠于党、忠于人民、忠于祖国、忠于社会主义，以“钉子”精神刻苦学习各种科学文化知识，不断提高为人民服务的本领；以甘当“螺丝钉”的精神，干一行、爱一行，在平凡的岗位上做出了不平凡的事迹。

雷锋时时处处都以关心他人为重，热情帮助战友，为集体、为群众做了大量的好事，被群众赞誉“雷锋出差一千里，好事做了一火车”。

雷锋还十分关心少年儿童的健康成长，在抚顺市担任校外辅导员期间，经常给少先队员讲故事，作忆苦报告，传播马克思主义、毛泽东思想，并以自己的模范行动影响和激励着少年一代健康成长。

1962年8月15日，雷锋同志在执行运输任务时不幸因公殉职，永远长眠于他所热爱的共和国的土地下……

雷锋虽然离去了，但他的精神却是永存的。雷锋的模范事迹和高尚思想在军内外产生了巨大影响。1963年1月7日，中华人民共和国国防部将雷锋生前所在的班命名为“雷锋班”。中国人民解放军总政治部、中国共产主义青年团中央委员会、中华全国总工会和中华全国妇女联合会等，先后发出了向雷锋同志学习的号召。党和国家领导人，也纷纷为之题词，以纪念这位人民的好儿子。

雷锋以他那平凡而伟大的品格，以普通而壮丽的风范，成为人们道德情操和行为的楷模。几十年来，雷锋的精神一直激励着整个民族，温暖着亿万颗追求人生价值和美好生活的赤诚心灵。

本书从雷锋的幼年时代开始写起，一直追溯到他在党和政府的关怀下，一步步成长为一名品格高尚、毅力超人的共产主义战士的生命历程，再现了这位中国人民解放军的好战士公而忘私、将有限的生命投入到无限的为人民服务之中的光辉事迹和崇高品德，旨在让广大青少年朋友了解这位时代人物平凡而伟大的一生，并从中汲取他那种坚毅、勤奋、舍己为人、助人为乐的崇高精神。

目录

contents

第一章　悲苦童年　/1

第二章　翻身做主　/9

第三章　求学少年　/15

第四章　热情工作　/23

第五章　拖拉机手　/31

第六章　走进鞍钢　/39

第七章　忘我劳动　/47

第八章　步入军营　/55

第九章　军旅生活　/63

第十章　苦学技术　/73

第十一章　不怕苦累　/83

目录

第十二章　抗洪斗争　/93

第十三章　节约标兵　/99

第十四章　一心向党　/107

第十五章　成为名人　/115

第十六章　爱心处处　/123

第十七章　孩子榜样　/131

第十八章　群众楷模　/139

第十九章　军民一家　/146

第二十章　不骄不躁　/153

第二十一章　英雄永生　/161

雷锋生平大事年表　/167

第一章　悲苦童年

是光荣的战士，还是可耻的逃兵，那就要看你在困难面前有没有坚定不移的信念了。

——雷锋

（一）

从湖南省长沙城跨过湘江，顺着长宁公路西行15千米，在连绵不断的丘陵之间，有一个名叫简家塘的小山村。

1940年12月18日这天，天气格外寒冷。阴沉沉的乌云遮掩着天空，细碎的雪片凌乱地散落在起伏的山丘上，漫山遍野的荒草在凛冽的寒风中蜷缩着细弱的身子瑟瑟发抖。在小山村后面的蛇形山前，一间低矮破旧的茅草房里，随着一阵响亮的啼哭声，一个幼小的生命降生了。由于这一年是农历的庚辰年，因此家人就为这个男婴取了个乳名“庚伢子”。

这是个不幸的小生命。迎接他到来的，没有亲人的欢声笑语，没有温暖的炉火和香甜的乳汁，只有寒冷和饥饿。

母亲紧紧地将他搂在怀中，用自己身体温暖着他那瘦弱的身子，遮挡着从破败的门窗中“嗖嗖”而入的寒风。她含着眼泪，喃喃地说：

“你真是个苦命的孩子……”

这个刚刚出生的小生命，就是雷锋。

雷锋出生的年代，正是我们的祖国处于水深火热之中的时候。当时，日本帝国主义发动的侵略战争将神州大地变成了血和火的海洋。日寇到处横行肆虐，无恶不作；地主恶霸们更是趁火打劫，为非作歹。在这种形势下，贫苦的劳动人民都在苦难中煎熬，在生死线上挣扎。

雷锋家的祖祖辈辈都是老实巴交的农民，过着清贫俭朴的生活。雷锋的祖父雷新庭是一位饱经风霜的老人，多年来都租种本村地主唐四滚子的10亩薄田，风里雨里成年累月地劳作，收获的粮食大半都交了租子，余下的连最起码的生活都难以维持。

在重地租、高利贷和苛捐杂税的盘剥下，雷新庭又气又急，不幸患了重病，卧床不起。1943年冬，就在雷锋刚刚学会喊“爷爷”，有钱人家正杀猪宰羊准备过年时，地主唐四滚子闯入雷家，逼着雷新庭一定要在年前还清租债，否则就不许他再种唐家的田。

这一年的收成十分不好，家里早就已经揭不开锅了，哪还有粮食交租啊！雷新庭忧愤交加，病情加重，竟在年关时节被地主活活逼死了。

雷锋的父亲名叫雷明亮，从小就与一家人靠种地主的田过活。1926年，在势如暴风骤雨的湖南农民运动中，雷明亮参加了当地的农协，并担任农民自卫队队长。

大革命失败后，一家人的生活朝不保夕，雷明亮只好到长沙市仁和福油盐号当了挑夫，终日奔波在湘江两岸。

抗战的第二年，在日寇大举进攻面前，国民党军节节败退，竟然不顾人民的死活，放火焚烧了长沙城，随后逃之夭夭。

大火烧了几天几夜，长沙城中所有的房屋、工厂、设施等，都变成了一片火海。到处都是逃难的人群，混乱不堪。一些从前线溃散下来

的散兵游勇趁机四处逃窜，抢夺财物。

然而在这种情况下，资本家却逼着雷明亮到江边去运货。结果，雷明亮遭到国民党兵痞的毒打，被他们用枪托打得遍体鳞伤，大口大口地吐血，从此落下了内伤，再也不能做重活了，只好回乡养病。

回到简家塘后，为了维持一家人的生活，雷明亮只好拖着伤残的身子，终日在田间辛勤劳作。夏天顶着火辣辣的烈日，冬天迎着彻骨的寒风，累死累活辛劳一年，结果仍然不能维持一家人的生活。无奈之下，雷明亮只好将雷锋年仅12岁的哥哥送到离家几百里的津市，到一家机械厂当童工。

雷锋的母亲是个铁匠的女儿，由于家庭贫困，父母无力抚养，生下刚几天就被送入了长沙的一家育婴堂（实际上是帝国主义者和地主资本家残害穷人儿童的魔窟）。后来，一个姓杨的贫农妇女将她抱回家抚养，养到五六岁时，就被送入雷家做了童养媳。

十几岁与雷明亮结婚后，雷锋的母亲便开始操持一家人的生活。她心灵手巧，勤于持家，日子虽然过得清苦，但一家人齐心协力，总算能勉强过得下去。然而谁也没想到，一场大祸偏偏又降临到他们的头上。

（二）

1944年，日本鬼子占领了雷锋的家乡，到处烧杀抢掠，还四处抓劳工，雷锋的父亲雷明亮不幸就被他们抓去当了挑夫。旧伤、疾病加上长年的饥饿和劳累，雷明亮的身体一直十分虚弱，哪里还担得起一二百斤的重担赶路呢？

然而，毫无人性的日本鬼子可不管这些，他们将他狠狠地毒打了一顿，扬长而去。可怜的雷明亮拖着被打得遍体鳞伤的身体，挣扎着回了家。一年后，雷明亮含恨离开了人世。

雷明亮的死，对这个本来就一贫如洗的家庭来说，简直就是塌了天。雷锋的母亲哭得死去活来，一个祖祖辈辈克勤克俭的农家，如今只剩下孤儿寡母，这日子可怎么过？

但是，雷锋的母亲还是挺了过来。坚毅的个性使她下定决心，就算拼了命，也要将孩子们拉扯大。她哪里知道，一个更大的悲剧不久又降临到她的头上。

为了维持一家人的生活，雷锋的哥哥雷振德刚刚12岁就离开了家，到外地当童工。但他年纪幼小，身体羸弱，根本经不起繁重劳动的折磨，不久就患上了“童子痨”（即肺结核）。

一天，雷振德突然累得晕倒在机器旁，胳膊和手指都被轧伤了。资本家认为从这个孩子身上已经榨不出什么油水，便将雷振德解雇了。雷振德没办法，只好带着伤残的身体回到简家塘的家中。

伤势稍好些后，雷振德又到江边滦湾镇的一家印染作坊当童工。由于劳累过度，他的病情一天比一天严重，最后瘦得只剩一把骨头，又没钱医病，1946年便死去了。

1947年，雷锋两岁的弟弟也因贫病交加，死在了母亲的怀里……

一个接一个的打击，已经让雷锋的母亲欲哭无泪。一家五六口人，如今只剩下雷锋与母亲两个人了。为了能够将唯一的孩子养大，1947年夏天，雷锋的母亲到地主唐四滚子家做工，受尽了凌辱与迫害。在那暗无天日的社会里，她有冤无处伸，有苦无处诉，因此时常暗自落泪，有时实在忍不住了，就一个人跑到雷锋父亲的坟上痛哭一场。深重的灾难与折磨，已经令这个可怜的女人失去了生活的勇气。

这一年中秋的晚上，母亲从地主家做工回来后，便坐在床边，满脸的泪痕。雷锋见母亲难过，便一头扑到母亲的怀中。

母亲的泪水簌簌地滴落在小雷锋的脸上，然后又紧紧地抱住雷锋，哭着说：

“孩子……苦命的孩子，你为什么要生在穷人家？……你还这么小，要是再没有了妈妈，你可怎么办呀？”

幼小的雷锋此时还不懂母亲这句话的意思，只是感到心里害怕。他拉着母亲的手摇晃着喊道：

“妈妈你别哭，我听话，我再也不淘气了……”

母亲的眼泪再一次流下来，好一阵才止住哭声。然后，她长叹了一口气，说道：

“孩子，看你的小脸小手都弄得这么脏，来，妈妈给你洗洗。”

母亲打来一盆清水，把雷锋的小脸和小手都认真地洗干净，然后又把雷锋拉到身边，脱下自己身上的一件旧褂子，披在小雷锋的身上，认真地凝望着雷锋的眼睛，问道：

“孩子，你还记得爸爸、哥哥和弟弟吗？”

雷锋点了点头，心中有些茫然，母亲为何突然要这样问呢？难道自己会不记得他们吗？一想到惨死的父亲、哥哥和弟弟，雷锋的心就发酸，眼泪不禁夺眶而出。

母亲轻轻地为小雷锋擦去脸上的泪水，但自己的眼泪却又流了出来。她忙转过身去擦掉，然后拉着雷锋的小手走出了家门。

“妈妈，我们要去哪里？”雷锋不解地问母亲。

“去你六奶奶家待一会儿，妈妈晚上有事要出去一下，你要听六奶奶的话，学会照顾自己……”

母亲说这些话的时候，眼神忽然变得恍惚起来。小雷锋感到母亲好像有话没说完，但母亲究竟要说什么呢？

当天晚上，雷锋就住在六奶奶家，母亲一个人回了家……

（三）

第二天．母亲并没有来六奶奶家接雷锋。雷锋担心母亲，便一个人跑回了家。然而当他跑到家门口，用力推开家门的时候，眼前的情形让他惊呆了：

母亲已经悬梁自尽了！

“妈妈！妈妈……”

小雷锋边喊边扑了上去，紧紧地抱住母亲的双腿，不住地哭喊着。可是，母亲再也听不见儿子的呼唤了，再也不能照料自己可怜的孩子了。

万恶的旧社会，逼得雷锋一家家破人亡，还不满7岁的小雷锋就这样成了孤儿。

苦怜苦，穷帮穷，雷锋的母亲死后，好心的六奶奶收养了雷锋。虽然家里也十分贫穷，但六奶奶像亲人一样，给了年幼的雷锋亲人一般的温暖。

雷锋虽然年纪小，但很懂事，知道六奶奶家的生活也不容易。为了能给六奶奶减轻一些负担，他有时会背着六奶奶自己出去讨点饭回来，有时还挎着篮子去山上挖野菜，或者去砍柴，帮助六奶奶贴补家用。

砍柴的活计可不轻松，需要起早贪黑，走几十里的山路，回来时还要背上几十斤的柴禾，实在不是雷锋这个年纪的孩子能干得了的。但小雷锋不怕苦、不怕累，每当他背着沉重的柴禾捆回家，远远看见白发苍苍的六奶奶站在家门口迎接他时，他的心中都会升起一股甜甜的暖流，忘记了饥饿和浑身的疲劳。

但是，周围的柴山很快就被地主们霸占了，并且还不许穷人上山砍柴。有一次，雷锋在砍柴时被徐家的地主婆发现了。地主婆拦住了他的去路，恶狠狠地骂道：

“你好大的胆子，竟敢到我家山上来砍柴……”

地主婆一边骂着，还一边动手抢去了雷锋手中的砍柴刀。那恶毒的婆娘不肯罢休，还举起砍刀，劈头盖脸地朝雷锋砍来。雷锋人小力单，哪里是这恶婆的对手，结果手背上被砍了三刀，顿时鲜血直流，疼痛难忍。

雷锋咬紧牙关，捂住伤口，恶狠狠地瞪视着地主婆，一滴眼泪也没流。

手伤养好之后，雷锋闲不住，还是时不时地上山偷偷砍些柴回来。由于经常遭遇风吹雨淋，他的脊背上生了个“背花疮”，开始只有指甲般大小，没几天就长成了个大脓包，急得六奶奶天天四处弄草药偏方给他治疗。

1948年青黄不接的时候，雷锋忍着疮痛，想到山里去寻找些野果回来。刚出家门没多远，忽然从路边一幢白粉壁的大瓦屋内窜出一条狗朝他扑来。

雷锋下意识地捡起一块石头就向狗掷去，随后又捡起一块石头，并爬到旁边的 棵大树上，然后照准狗的脑袋狠狠掷了下去，将狗赶跑了。

没想到雷锋刚从树上下来，地主的儿子便从院子里跑出来，揪住雷锋，连打带骂：

“你这叫花子，竟敢打我的狗！你这是打狗欺主！”

“我就打了，怎么样！”雷锋狠狠地甩开地主的儿子，抡起拳头打在地主儿子的脸上，然后转身就跑。

当他跑到树林，想靠在一棵大树上休息一下时，背上的脓疮不小心被树枝刺破了，顿时血流不止，痛得雷锋直冒冷汗！

好一阵子，雷锋才从树林走出来，在路上正好遇到了同村的黄包车夫彭大叔收工。彭大叔见雷锋背上流的都是血，急忙把他抱上车坐好。雷锋将刚才地主儿子放狗咬他的情形跟彭大叔说了一遍。

“这些狗崽子，没多少日子逞凶了！”彭大叔边说边用自己的汗巾给雷锋擦拭背上伤口的脓血，还小声地告诉雷锋说：

“听城里的工人说，我们穷人有盼头了，北方好多地方都盼出头了！”

雷锋有些不解，忙问彭大叔怎么回事？

彭大叔说：

“共产党、毛主席领导的解放军快要来了，我们就要翻身了！等着吧，到那时候，我们要成立农协，成立儿童团，斗地主，分田地！”

从这天开始，雷锋就天天盼着翻身解放。

第二章　翻身做主

一朵鲜花打扮不出美丽的春天，一个人先进总是单枪匹马，众人先进才能移山填海。

——雷锋

（一）

彭大叔拉着雷锋，一口气跑回简家塘。雷锋跳下车，拉着彭大叔的手进了屋。六奶奶一看雷锋背上的疮口，心疼得不得了。彭大叔让老人用凉茶水先给雷锋擦擦伤口，自己则跑出去买药了。

六奶奶烧了一碗新茶，又放些盐巴，晾凉后给雷锋洗完疮口，彭大叔也买回来一小包药粉，说这药粉专治背花疮，撒上几次就好了。

亲人的关怀，减轻了雷锋的痛苦。彭大叔帮雷锋上完药粉后，就拉着车走了。但是，小雷锋却始终记得彭大叔对他说的话，共产党、毛主席就要来了，穷人就要翻身做主人了。

一天傍晚，雷锋正在六奶奶屋前收拾近日砍来的柴草，忽然听到有人在喊他。雷锋抬眼一看，原来是常去彭大叔那里的长工周满叔。

小雷锋丢下柴草，跑了过去。

“周满叔，你找我？”

“是你彭大叔让我来找你的。”周满叔悄声说，“庚伢子，你去过江边渫湾镇吗？”

“去过呀。”

“那今晚敢不敢跟我们到镇上贴标语去？”

“贴标语？”这可是雷锋从没想到的事，但他还是马上就答应下来了，“好，我这就去。”

周满叔见雷锋答应了，就又向镇里方向走去。雷锋觉得事情很神秘，也没跟六奶奶说，就一个人悄悄地走了。

他乘着夜色，迎着舒爽的江风，很快就来到江边渫湾镇。在道旁的树影下，周满叔和另一个人正坐在箩筐横放的扁担上歇脚等他。

雷锋走上前去，周满叔趁四下无人，便伸手从箩筐下面取出一卷标语，塞入雷锋的衣襟里，又小声嘱咐了他几句。雷锋点点头，接过一瓦罐浆糊，朝镇里走去了。

雷锋来到镇上，一眼看上去就像个讨饭的孩子。夜静悄悄的，街道上的行人很少，雷锋机警地在电线杆上、墙壁上贴上了一张张“中国共产党万岁！”“毛主席万岁！”的标语。

走出街口，来到行人比较多的江边渡船码头，雷锋见几个国民党匪兵正在吆喝着叫渡船。小雷锋沉着、机警地跟着这几个家伙身后，等他们回过身来，“解放全中国！”“迎接长沙解放！”的标语，早已赫然出现的码头上。他们心头一惊，瞟了一眼已经离开码头的小雷锋，满腹狐疑，却又无可奈何。

雷锋敏捷地将全部标语都贴完了，兴致勃勃地回到周满叔身边。周满叔竖起大拇指，表扬他说：

“庚伢子，有胆量，干得不错！”

小雷锋听了周满叔的夸奖后，可高兴了！这次张贴迎接解放标语的行

为，也令这个在苦水中长大的孩子更加急切地盼望着光明时刻的到来。

雷锋兴致勃勃地回到六奶奶家，一路上心里都在默默地念叨着：共产党、解放军快些来吧！早一天来，我们穷人就能早一天翻身，我也能早一天为我死去的亲人报仇！

回到简家塘，晨星已落，天色将晓，雷锋登上山坡，望着东方的晨曦，高兴地说：

"好啊，天快亮啦！"

（二）

乌云遮不住太阳，苦难的日子终于熬出了头！1949年8月，中国人民解放军以排山倒海之势直下湖南，雷锋的家乡解放了！解放军的队列多么整齐、多么雄壮！一个个解放军战士，雄赳赳、气昂昂地迈着整齐的步伐，开入了长沙城。

长宁公路上扎起了花团锦簇的彩门，街头上挤满了欢迎人民子弟兵的人群。雷锋夹在欢迎的人群中，喊着，笑着，欢呼着。他觉得天变了、地变了，受苦受难的乡亲们也变了。

这天傍晚，部队的一个连队要在当地住宿，雷锋和乡亲们一起东跑西颠地帮助张罗住处。部队刚刚驻扎下来，战士们就马上给群众挑水、扫地，亲热得像一家人一样。小雷锋兴奋地在战士们身边转来转去，一会儿工夫，他就与连队的小通讯员混熟了，向人家问这问那，一有机会就想拿人家的枪支来摆弄。

夜深了，雷锋还不肯离开连部，他悄悄地问连部的通讯员：

"你是怎么当上兵的？"

"志愿当的呗。"

“那我也志愿当兵行不行？”

“你？”通讯员乐了，“你现在还没有一支枪高，就想当兵？”

“你别看我小，我可什么都不怕！”雷锋不服气地说着，又晃了晃红缨枪，然后又用请求的语气说：

“你跟连长说说，把我带着吧！”

“要说你自己去说吧，我可不替你去碰钉子。”小通讯员不同意。

第二天，队伍就要出发了，雷锋忙拉着连长的手央求道：

“叔叔，我也要当兵，你带着我一起走吧！”

“带你走？”连长笑着问他，“你为什么要当兵啊？”

“叔叔，我要报仇，我要报仇啊！”

“我们都是穷苦人出身，你的仇我们大家都会替你报。”

“不，我要跟你们一起去报仇！”雷锋急得都要哭了。

“孩子，你的年纪还小，等长大了再参军，保卫和建设咱们的新中国！”

连长好说歹说，才把雷锋说服。临走时，连长拉着雷锋的手，把自己的一支钢笔送给了他。

随后，连长带着队伍沿着长宁公路走远了。雷锋望着手中的钢笔，想着连长的话，心里感到热乎乎的。

长沙解放不到两个月，在旧社会受尽苦难的人民迎来了中华人民共和国的诞生。1949年10月1日，毛泽东主席在北京天安门城楼上向全世界庄严宣布：

“中华人民共和国中央人民政府成立了，中国人民从此站起来了！”

全国人民一片欢腾。

雷锋听到这个振奋人心的消息后，简直高兴极了！他激动地跑到村中，与村民们一起不停地蹦啊、跳啊，还与乡亲们一起高声唱起《没有共产党就没有新中国》。

不久，雷锋就参加了儿童团，扛起了红缨枪，精神抖擞！在儿童团里，他每天不是到村口去放哨，就是跟着民兵叔叔到财主家去征购粮食，支援前线，每天忙得连吃饭睡觉的时间都没有，雷锋也不觉得累。

一天傍晚，太阳刚刚落山，雷锋站在村头山坡上放哨。他觉得家乡的一切都变了。一眼望去，那天边的晚霞多好看啊！那幽静的山谷，翠绿的田园，那一池池塘水，一片片山林，还有那一幢幢简朴的茅屋，仿佛都有了新的生命。

当雷锋上小学五年级时，他所在的学校开始建立少年先锋队组织。雷锋的入队申请不久就被批准了，他戴上红领巾，抚摸着人民政府给他做的新白衬衣，心情无比激动，决心用自己的实际行动来回报党和政府对自己的关怀，永远保持红领巾的荣誉。

第三章　求学少年

人的生命是有限的，可是，为人民服务是无限的，我要把有限的生命，投入到无限的为人民服务之中去。

——雷锋

（一）

1950年夏末，雷锋的家乡办起了第一所学校。一天早晨，雷锋穿上新衣服，背上新书包，迈着轻快的脚步去上学了——这是他过去连想都不敢想的事，而今天，在新中国，他的梦想成为了现实。

崭新的生活，让雷锋一下子想起了许多往事。在旧社会，穷人家的孩子只能眼巴巴地看着地主家的孩子去上学，那时的学校也是专门为有钱人家的子弟开办的，穷人家的孩子哪能踏入学校的大门呢！

而现在，国家解放了，在共产党、毛主席的领导下，雷锋与其他穷人家的孩子，也可以挺直腰板去上学了！

开学的第一天，彭大叔将雷锋交给学校的一位女老师，并对她说：“这是个苦孩子，我就把他交给你了。”

老师高兴地拉着雷锋的手，把他领进教室，发给他两本课本、一个笔记本。当雷锋看到其他孩子都交书费和学费时，也把乡亲们给他的几个钱从口袋里掏出来，交给老师。老师没有收他的钱，而是对雷锋说：

“你是孤儿，学校不收你的学费，你可以免费在学校里读书的。”

听完老师的话，雷锋的心里既高兴，又充满了对共产党、毛主席的感激。他拿过课本，怀着激动的心情，翻开了新书的第一页，毛主席那慈祥的面容首先映入了他的眼帘。他双手捧着崭新的课本，久久地凝视着，心中默默地念叨着：

“我一定要好好学习，长大了好报答毛主席的恩情。”

雷锋的家乡距离学校有近10里的山路，每天雷锋都要顶着满天的繁星出门，踏着一地的月光回家，来回路上要走几个小时。南方的夏季又特别炎热多雨，刚才还是烈日当空，一转眼就是瓢泼大雨。山区的羊肠小道泥泞难走，一不小心就会跌个跟头，弄得满身泥泞。但无论路多么难走，天气多么多变，雷锋都从来不迟到，他特别珍惜这来之不易的学习机会。

当时，农村虽然解放了，但山区农户的生活依然很贫困。六奶奶的年纪越来越大，干不动重活儿，家里的生活条件还是很艰苦。雷锋是个懂事的孩子，他每天行走几十里山路上学，最费的就是鞋子。他知道六奶奶没钱，就从来不张口要新鞋，而是一直靠自己的一双小手打草鞋穿。

冬天的山区格外寒冷，几场北风刮过，天上就会飘起雪花。雷锋穿着草鞋上下学，脚丫被冻得红红的，还裂开了几道血口子。老师和同学们看着都很心疼，但雷锋却毫不在意地说：

“这算什么苦？一学习起来就什么感觉都没有了。”

雷锋非常热爱学习，上课时总是聚精会神地听讲，下课后认认真真地做作业。一到节假日，其他孩子都到地里干活儿，雷锋也跟着去，但从不忘记带课本，休息时就坐在地头看会儿书。由于学习十分刻苦，雷锋的各科成绩总是很优异，经常受到老师的表扬。

雷锋还很爱劳动。特殊的生活经历，让他从小就养成了凡事不依赖别人的习惯。无论是田间地头的农活，还是割草、拾柴，他样样都能干，就连洗衣服、缝缝补补等家务活，他也都自己动手做。村里的大爷大娘一提起雷锋，都会挑起大拇指啧啧称赞道：

“他可是个勤快的好孩子啊！”

虽然生活艰苦，但学校生活还是给雷锋带来了无限的欢乐和满足，他每天脸上都笑呵呵的。不论谁再说他是孤儿，他都会说：

“以后你们不要再说我是孤儿了，党就是我的亲爹娘啊！”

（二）

1954年，学校成立了少先队。刚刚得到这个消息，雷锋就申请加入了。在隆重的入队宣誓大会上，辅导员给雷锋等少先队员逐一戴上了红领巾。雷锋激动地抚摸着红领巾，心中说道：

“我是毛主席的少先队员，我一定要用实际行动把这红领巾染得更红！”

随后，雷锋和其他少先队员面对鲜红的队旗，一起庄严地举起右手宣誓：

“我是新中国的儿童，我志愿加入中国少年先锋队……为建设共产主义时刻准备着！”

铮铮誓言，字字掷地有声，久久地在雷锋的心头回荡。

学校给雷锋发了白衬衫，他每天都穿着白衬衫，戴着鲜艳的红领巾去上学。晚上放学回来后，他总是先摘下红领巾，将它叠得整整齐齐地放进书包里，决不允许一点儿脏东西沾在上面。

对于少先队的队旗，雷锋也非常珍爱。一次，少先队员们外出过队日，雷锋负责举旗。在行走途中，天气忽然下起了大雨，雷锋赶紧脱下自己的衣服包住队旗。他还经常对其他同学说：

“咱们戴的红领巾，咱们的红队旗，都是无数革命先烈用鲜血染成的，咱们一定要格外爱护才行！”

由于学习刻苦，雷锋的各科成绩都很优秀，可他从来都不满足。有一次下课后，他还坐在课桌前对着发回的考卷发呆，同学们见了，就小声议论起来，以为他这次肯定没考好。

一位同学走过来劝雷锋说：

“算了吧，这次没考好，下次考试再努力就行了！”

雷锋回答说：

“下次是下次，这次也马虎不得。”

那位同学拿起雷锋的考卷一看，不由惊讶起来：

“嘿，你都考了90多分了，还嫌少啊！”

另一位同学一听，也凑过来拿起雷锋的考卷看，然后说道：

“我还以为你答错了多少题呢，原来才错了这么一道小题啊！这有什么关系呢？”

“怎么能没关系呢？”雷锋说道，“我们学习不光是为了分数，而是要把知识真正学到手，这样将来才能更好地去建设新中国啊！”

随后，他坚持把自己做错的考题重做了一遍，然后又交给老师去检查。老师见雷锋这样努力，非常高兴，表扬了雷锋这种认真学习的态度，而雷锋却谦虚地说：

“老师，我过去学习还不够认真，这次考试才答错了题，以后我一定好好改正。”

（三）

1955年，雷锋转到附近的荷叶坝小学读书。这所学校当时还没有建立少先队组织，雷锋一跨入校门，胸前佩戴的红领巾就把同学们吸引住了。他意识到自己现在是这里唯一的少先队员，从此更加严格要求自己，处处以身作则，起到模范带头作用。

课余时间，雷锋还将同学们组织起来，给大家讲少先队队章，讲建立少先队的伟大意义。他深情地说：

“我们是新中国的少年儿童，是革命的接班人，是祖国的未来和希望，我们一定要好好学习，争取入队，长大后好好建设我们的新中国。”

不久，荷叶坝小学的少先队成立了，雷锋又积极主动地协助辅导员组织队员们开展各种有意义的活动。在组织课外读书小组、参加义务生产劳动、开展文体活动方面，雷锋都起到了很好的骨干作用。

六一儿童节到来了，少先队决定到湖南烈士公园过一次有意义的队日。从学校到烈士公园要步行30多里路，队列行进时打大鼓的任务很重。雷锋主动承担了这一任务，当了鼓手。

队伍出发了，雷锋小小的个子，背着一面大鼓走在队列的最前面。后面的队员都踏着鼓点走，唱着《少先队员之歌》，一起向烈士公园走去。

走了七八里路后，雷锋已经累得满头大汗。辅导员发觉后，要找其他同学来代换他，但雷锋却说：

“这是少先队交给我的任务，应该由我来完成。”

说完，他挺起胸，扬起鼓槌，把鼓敲得更响了。

途中休息时，辅导员见他太累了，又派一名同学来替换雷锋，但雷锋依然拒绝了，他说：

“我已经答应了打鼓，就不能中途替换。我一定能自己完成任务。”

于是，休息完后，雷锋又背起大鼓，继续前进。对于身材矮小的雷锋来说，背着一个几十斤重的大鼓行进30里路，的确不是件轻松的事，何况还要边行走边打鼓。但是，雷锋的心中只有一个信念，那就是：一定要坚持到底。因此，他以顽强的毅力，坚持将大鼓背到烈士公园。

进入公园后，雷锋放下大鼓，解开衣扣，让凉风吹一吹浑身的热汗，顿时有种说不出的舒畅。他抬头仰望烈士纪念塔，塔上镌刻着毛泽东主席亲笔题写的“湖南烈士公园纪念碑”和“人民英雄永垂不朽”几个大字，在阳光的照耀下，显得分外耀眼。雷锋的心情久久不能平静。

（四）

在学校里，雷锋还特别乐于助人。这年夏天，由于天气连降大雨，路上的小石桥被水淹没了。一天，雷锋上学路过这里，只见一群小学一二年级的同学望着滚滚浊流，不敢蹚水过河。

雷锋二话没说，脱掉鞋子，卷起裤管，将小学生们一个个背过桥，然后大家一起高高兴兴地上学去了。

同班有位同学，因为患了重病不能上学，雷锋就利用自己的课余时间经常到她家为她补课。

同学小朱上课不认真，做作业也马马虎虎，字写得歪歪扭扭。雷锋教了他很多次，小朱还是写不好。

一天，雷锋将小朱的作业本拿来，用薄薄的纸描下了上面小朱写的字。第二天，雷锋拿着描好的字给小朱看，问他是否认识这些字。小

朱认真看了半天，一个也没认出来，就说：

“这简直就像蜘蛛爬的，哪里像字啊！”

雷锋拿过小朱的作业本，翻开后一对照，说道：

“这些字全都是你写的呀！”

小朱一听，脸一下子就红了，心里感到很惭愧。

雷锋诚恳地说：

“不要以为写字是小事，从小养成了马马虎虎的坏习惯，将来长大后做事也不会认真的。”

在雷锋的帮助下，小朱不仅写字比以前认真了，学习、劳动及其他课外活动也都认真了，还成了班上的好学生。

雷锋处处严格要求自己，一步一个脚印地成长。

一天，雷锋放学后走在路上，看到同村双目失明的老贫农陈五爹正摸索着砍柴，便跑过去关切地问：

“陈五爹，您老怎么也上山砍柴啊？”

陈五爹笑着说：

“像我这样一个孤老头子，又看不见东西，要是在旧社会，早就没法活了。现在新社会好，吃的穿的都不用我发愁了。眼下社里正忙，我怎么好让社员们老是把柴禾送到家里呢！多耽误他们的时间呀！”

老人的话让雷锋深有感触。劳动人民的心都是一样的啊！想想过去，再看看今天，只要能为国家、为集体、为人民多做一点好事，他们就会感到无比欣慰。

雷锋将老人散落的柴禾捆好，然后挑着柴给老人送回了家。此后，他还经常利用课余时间帮助老人砍柴、挑水、打猪草。乡亲们看到雷锋这样尊老爱幼，都纷纷夸奖他是个热心的好孩子。

1956年春，雷锋的家乡开展扫盲运动。但在那时，农村有文化的人很少，更不用说找教师了。雷锋听说后，就与同学商量，主动担当起帮助村里办夜校的任务。

在党支部的支持下，夜校很快就办起来了。教室就设在一家老乡的堂屋中，“学生”都是旧社会没有机会上学的小伙子和大姑娘，老师则是雷锋和他的同学们。

每天放学后吃过晚饭，雷锋便和其他“老师”一起挨家挨户地去催出那些比较自己大六七岁的“大学生”们来上课。在讲课时，他也讲得十分认真，一丝不苟，很快就带动了大家的学习热情。一些人因为家里活多，赶不及上夜校的，雷锋就主动找时间上门给他们补课。

雷锋还是个特别热爱劳动的孩子。每当学校发动同学们去进行义务劳动，雷锋总是第一个响应。有一次，大家帮助农业社挖粪肥，因为工具不够，他就挽起裤脚，跳进田边的粪肥池中用手挖。

在帮助农业社除害虫时，雷锋也是最积极的一个。他不仅参加集体的捉虫活动，还经常利用课余时间，提着瓶子到田里去捕捉害虫。这个贫农的儿子深深懂得，每一颗粮食都来之不易啊！

1956年，雷锋以优异的成绩从荷叶坝小学毕业了。在毕业典礼上，16岁的雷锋走上讲台，面对全校师生，表达了自己的决心：

“我决心留在农村广阔的天地里，当一个新式农民。我决心做一个好农民，驾驶拖拉机，耕耘祖国大地，建设社会主义新农村！”

第四章　热情工作

对待同志要像春天般的温暖，对待工作要像夏天一样火热，对待个人主义要像秋风扫落叶一样，对待敌人要像严冬一样残酷无情。

——雷锋

（一）

高小毕业之后，乡政府本来打算送雷锋到县里去读中学，但当时正值广大农村胜利地实现了农业合作化，农村一片火热的斗争生活深深地吸引着雷锋。加上当时农村知识青年太少，乡亲们希望雷锋能留下来做个新式农民。

雷锋经过思考，最后决定留在农村，做一个新时期的农民，好为家乡的建设做贡献。彭乡长见他人小志气大，又担心他一个人在外面生活不方便，就留他在乡政府当了一名通信员。

那时，乡政府正忙于秋征的准备工作，缺少人手，雷锋每天忙完自己通信员的本职工作后，还主动帮助乡里搞秋征工作。不久，他由于工作积极，勤勤恳恳，被乡政府推荐到中共望城县委当了公务员。

雷锋刚到县委工作时，还像个孩子，圆圆的脸上带着一丝稚气。县委的同志见他年纪小，手脚勤快，工作积极，而且十分乐观，每天都快快乐乐地工作，都非常喜欢他，亲切地称呼他“小雷”。

雷锋白天忙着工作，晚上下班后就到机关业余中学参加学习。在县委会，雷锋对公家的财物十分珍惜，购买公债时，又会主动带头，被同志们评为模范。

对于雷锋，县委的几位领导也十分关心。一有时间，他们就给雷锋讲一些革命故事和革命道理。有一次，县委张书记给雷锋讲了毛主席在湖南领导秋收起义时，一位共产党员被捕后，受尽敌人的严刑拷打，仍然宁死不屈，从容就义……

雷锋听完后，很受感动。他郑重其事地对张书记说：

“我也要做这样的人！”

张书记微笑着点点头，继续教育雷锋说：

“小雷，你要记住，共产党和毛主席领导中国人民推翻了三座大山，咱们穷苦人民才得到解放，这个胜利来之不易啊！它是无数革命先烈经过流血斗争换来的。你已经是个少先队员了，应该更加热爱党、热爱毛主席，向革命先烈学习，争取早点入团、入党，更好地为人民服务。”

雷锋使劲地点点头，牢牢地记住了张书记的话。从此，他处处留心向县委的同志们学习。

一次，雷锋与张书记一起下乡。走着走着，雷锋无意中看到路上有一颗螺丝钉，便上前踢了一脚走开了。

张书记看到了，不声不响地走过去，默默地弯腰将螺丝钉捡了起来，抹去上面的尘土看了看，然后将它装入自己的口袋里。雷锋觉得很奇怪，一个县委书记，要捡一颗螺丝钉做什么呢？

过了几天，雷锋要到一家工厂去送信，张书记掏出了那颗螺丝钉，

对雷锋说：

“小雷，把它一起送到工厂里吧。我们国家现在底子薄，要搞建设，就得靠艰苦奋斗啊！别看这只是一颗小小的螺丝钉，不起眼，但缺了它却不行。就像你这个公务员，虽然职务不高，但我们的工作却不能没有你。”

雷锋望着张书记，又低头看了看手中的螺丝钉，渐渐明白了其中的道理。就是这颗小小的螺丝钉，给雷锋留下了终身难忘的记忆，也成了他以后人生道路上的一个启迪。他下定决心，要在自己的工作岗位上做一颗小小的、不可或缺的螺丝钉。

（二）

县委的领导同志经常在晚上开会，而且常常一开就开到凌晨一两点，每次雷锋都会坐在另一间房子里看书，常常陪到后半夜。每当他觉得困倦难耐时，就提醒自己：县委在开会，我可不能睡觉！为了避免打瞌睡，他就一会儿站起来在屋子里活动活动，一会儿出去用冷水洗洗脸。开会的同志见了，都劝他说：

“小雷，你不用等我们，快去睡觉吧！”

“没关系的，我不困。”雷锋笑着说，然后继续到屋子里看书。

会议结束后，同志们都回去休息了，雷锋就会先进会议室把屋子收拾干净，把门窗都关好后，才回去休息。同志们见了，都很关心他：

“小雷，你这样工作，不困吗？”

“困点怕什么？这是我的工作，怎么能马马虎虎呢！”

一天夜里，张书记在办公室看文件、写材料，雷锋像往常一样，坐在张书记旁边学习。

张书记见已经很晚了，就催促雷锋说：

“小雷，你快去睡吧。”

但雷锋摇了摇头，不肯走。过了一会儿，张书记又催促雷锋去睡觉，雷锋还是坐在那里不肯走。

到了半夜12点多，张书记还没忙完，雷锋实在太困了，不知不觉趴在桌子上睡着了。张书记见雷锋睡着了，怕他着凉，就脱下自己身上的大衣，轻轻地披在雷锋身上，自己又坐下继续工作。

雷锋睡得热乎乎的，一觉醒来，天都要亮了。他揉揉眼睛，见身旁的张书记还在聚精会神地工作，又发现张书记的大衣披在自己身上，不由得低头看了看自己手背上被地主婆砍过的刀痕。刹那间，苦与甜、恨与爱，各种感觉一起涌上心头，眼泪不由自主地扑簌簌滴了下来。

张书记一看，忙放下手中的资料，走过去关切地问道：

“小雷，是不是又想起过去了？”

“嗯……”雷锋抬起头，哽咽地说，“旧社会害得我家破人亡，是党和政府救了我，还送我去读书，给我工作，这是我以前做梦都没有想到的。”

张书记抚摸着雷锋手背上的刀痕，说道：

“小雷，你在旧社会所受的苦，是我们整个民族所受的苦。只有全世界无产阶级联合起来进行革命，消灭压迫和剥削，才能让所有劳动人民跳出苦难的深渊。你还年轻，要好好学习，今后的工作还有很多很多。年轻人，一定要有奋斗目标才行。”

雷锋想了想，说：

“我的奋斗目标，就是在我们机关当一颗螺丝钉。”

“将来呢？我说的是将来。”

“将来……将来不论革命需要我做什么，我都会做一颗永不生锈的螺丝钉。”

张书记听了，微笑着点了点头。

雷锋懂得，只有勤奋学习，不断用科学文化知识武装自己，才能不断进步。所以，他不仅参加了县委机关开办的业余文化补习班，还经常到县新华书店去借阅图书。

雷锋借阅图书的范围很广，有政治理论、青年修养、文艺作品等，尤其对描写刘胡兰、董存瑞、黄继光等英雄人物的故事，以及如《浮沉》《牛虻》等中外名著，更是爱不释手，并随时写一些读后感，立志要向书中所描写的英雄人物学习。

（三）

1957年2月8日，雷锋光荣地加入了中国共产主义青年团，同时还被评为县委机关的工作模范。此时的雷锋，对新生活深有感触，他说：

“我就像一个学走路的孩子，党就像母亲一样扶着我、领着我，教会我走路。我前进的每一步，都倾注着党的亲切关怀。”

在县委机关中，雷锋也的确如他所说的那样，像一颗不生锈的“螺丝钉”，处处闪耀着光芒。不论做什么，他都那样踏实认真，一丝不苟。凡是由他经管的公共财物，他都管理得有条不紊；凡是他负责的房间，他都打扫得干干净净，一尘不染；对于来县委机关办事的基层干部和来访群众，他都热情接待，态度和蔼，服务周到，因此也经常受到表扬。

从生活中的很多小事中，都可以看到雷锋一丝不苟、永不生锈的“螺丝钉”精神。一次，他到长沙市里办事，张书记的爱人托他给孩子捎回一顶帽子，便随手掏出5元钱递给雷锋。雷锋把钱接过来，揣进衣袋里就走了。

待他从城里办事回来，把买来的帽子送给张书记的爱人时，还找给她7元钱。

张书记的爱人有些不解，忙问：

“我给你5元钱，你帮我买回来一顶帽子，怎么反倒找给我7元了？”

雷锋笑着说：

“您把两张5元的新票子当成一张给我了，我花了3元钱买了一顶帽子，正好给您找回来7元钱啊！”

通过这件事，张书记的爱人逢人便夸奖雷锋：

“小雷可真是个诚实的孩子。”

张书记听爱人跟他说了这件事后，笑着说：

“一颗不生锈的螺丝钉，就应该是这样呀！”

在县委工作期间，雷锋就像在革命的火光中前进一样，感到自己越来越清楚地理解了革命的意义。尤其在加入共青团后，雷锋更加严格要求自己，勇于锻炼自己，并决心要用自己的辛勤汗水浇灌家乡的土地。

在望城县的南郊，有一条名叫沩河的宽阔大河。中华人民共和国成立前，每年夏季汛期，这条大河都会泛滥成灾。洪水给沩河两岸百姓的生命财产带来了严重危害。

1957年秋末冬初，望城县委和人民政府决定治理沩河，完成一个彻底根治洪灾的水利工程。

在政府的号召下，许多青壮年都报名加入到治理洪灾的第一线中。雷锋在县委机关里也坐不住了，他先后三次报名，要求离开县委机关，投身到工程的第一线上去。县委办公室见他态度坚决，心情恳切，只好同意了他的请求。

在治理沩河的工地上，雷锋发挥了一个共青团员的模范带头作用，

每天都干得十分起劲。不管劳动强度多大，他从不叫苦叫累。工友们经常能看到他挽着裤腿，卷着袖子，一趟趟地挑泥、运土，好像有着用不完的力气一样。

晚上休息时，雷锋就住在一个临时搭建的工棚里，又阴又潮，四面透风，有时忙起来赶不上吃饭的时间，他把冷饭用热水泡一下就吃，从不讲一个“苦”字。就在这个简陋的茅草棚中，他曾在自己的日记本上写下这样三句话：

以革命的名义，想想过去；
以革命的精神，对待现在；
以革命的志气，创造未来。

在雷锋的带领之下，许多共青团员和要求进步的青年都纷纷加入到工程当中，工程也提前完了工。由于雷锋工作卖力，艰苦耐劳，在工程竣工、评功大会上，他被评为治理沩河工地的“劳动模范”。

在雷锋家的附近，住着一位姓阎的同学，因患有先天性疾病有时昏倒。雷锋知道后，总是陪伴他一路上学和回家，殷勤照顾。1955年冬天的一个早晨，小阎在上学的路上忽然病发，一下就滚入到泥塘里去了。雷锋连鞋袜都没来得及脱下，冒着严寒“扑通”一声跳入水中，使尽全身气力把他拖到岸上。附近的人们闻声赶来，及时救活了小阎。雷锋虽然全身被冷水浸得透湿，北风一吹冷得发颤，但看到小阎脱了险，心里却感到热乎乎的。

第五章　拖拉机手

在工作上，要向积极性最高的同志看齐，在生活上，要向水平最低的同志看齐。

——雷锋

（一）

1958年春天，县委决定在围垦起来的团山湖（沩水河与八曲河之间的一片湖沼地）开办一个农场，让荒芜的湖沼地变成鱼米之乡。这是建设家乡、改造家乡的又一个宏伟工程。

当时，由于县里的建设资金不够，共青团望城县委便积极响应党委号召，动员全县的青少年捐献出各自的点滴积蓄，争取能够用捐献出来的钱去购置一台拖拉机。

雷锋听到这个消息后，非常高兴。他二话没说，把自己平时省吃俭用省下来的20元钱全部送到团支部，并对团支部书记说：

“党每月给我的钱我都花不完，也舍不得多用一分一厘。现在，我把这些钱全部捐给农场，用来购买拖拉机吧。”

雷锋的捐款在全县青年团员与青少年中是最多的。张书记知道这件事后，十分高兴。但他却故意问雷锋说：

“小雷，我听说你把自己的积蓄都捐出去买拖拉机了？你难道……”

“张书记，我这样做……有什么不对吗？”雷锋见张书记脸色有些严肃，就不解地问。

“对倒是对，可你难道就不为自己的将来做点准备，留下一点以备急需吗？”

“我不需要，国家的急需、政府的急需，比我个人的急需更重要，所以我……”

“好小子！”雷锋的话还没说完，张书记就打断他的话，高兴地拍着他的肩头说，“到底是一名共青团员啊！有进步，了不起！你做得很对，就应该这样！这正表现了你对社会主义建设的热情……”

“不，张书记，与刘胡兰、董存瑞、黄继光那些英雄人物比起来，我做这点小事实在不算什么。我愿意在以后的日子里，事事都以他们为榜样！”

张书记听完雷锋的话，既高兴又欣慰地点了点头。

随后，张书记又高兴地对雷锋说：

“还有个好消息要告诉你，县里打算让你去学习开拖拉机，你愿意吗？”

“开拖拉机？真的？”雷锋简直不相信自己的耳朵，这是多么令人神往的工作啊！还在上学的时候，他就在心里盘算着自己有一天能驾驶着拖拉机，耕耘祖国的田地。如今，这个梦想将要变成现实了！

不过，一想到这样就要离开像亲人一样的张书记了，雷锋感到非常舍不得。张书记看出了雷锋的心思，就笑着说：

“翅膀长硬实了，就应该展翅高飞嘛！都是干革命工作，在不同的岗位上为人民服务，又不是什么生离死别……”

听张书记这样说，雷锋的心情顿时又好了起来。

几天后，雷锋离开县委会，来到团山湖农场。在这里，他成了一名光荣的拖拉机手。每天一大早，他就来到拖拉机旁边，检查机器零件是否完好，油箱油管是否泄漏。上工后，他一边给师傅当农具手，一边认真学习驾驶技术。收工后，他还要坐在灯下，认真阅读有关拖拉机的构造、维修、保养等技术知识，简直到了废寝忘食的地步。

3月10日，雷锋在努力学习两个月后，终于可以试车了。他从容地坐上驾驶座，熟练地把稳方向盘，拖拉机随后稳稳地行驶在机耕道上。

驶入大田后，雷锋又果断地将农具升降纵杆一压，随着拖拉机的前进，后面翻起了一片黑油油的泥浪。从此，望城县终于有了自己的拖拉机手。

不久，雷锋就怀着激动的心情，给《望城报》写了一篇《我学会开拖拉机了》的散文，向乡亲们报告了一个苦孩子成长为一名拖拉机手的经过。1958年3月16日，县报刊登了这篇文章。

（二）

初夏季节，一天，天气忽然下起了大暴雨，八曲河水暴涨，新建的大堤随时都有被冲垮的危险。农场内洪水横流，淹没了大部分的土地和庄稼。为了不延误农时，雷锋和师傅们轮流驾驶着拖拉机翻耕，歇人不歇机。

这天傍晚，雷锋正冒着大雨和同志们一道抢险排洪，忽然听到有人大喊：

“停放拖拉机的场地进水啦！”

雷锋一听，二话没说，径直冒着雨朝着停放拖拉机的地方奔去。到停放场地后，雷锋发现洪水已经漫到车轮边了。他毫不迟疑，跳上驾驶座发动了拖拉机，将拖拉机开向一块高地。

当雷锋返回场部吃饭时，洪水越来越猛，拖拉机虽然已经停放在高地，但雷锋仍然不放心，只扒了几口饭，就提上一盏马灯，跑出去守护拖拉机了。

然而此时，洪水已经漫上路面。雷锋只好找来一只小桶，当小船坐了上去，又拿了一根竹竿当篙子，在水中晃晃悠悠地撑上了高地。

随后，他急忙跑向拖拉机，把油布揭开，这里敲敲，那里摸摸，看看机件是否完好无损；又跳进驾驶室，试着发动了一下引擎，从响声中听不出什么毛病，这才放心地坐到驾驶座上，望着外面的洪水，心想，等洪水一退，就又可以出车了。

第二天上午，大部分洪水都退去了，雷锋收拾好油布、马灯等，随后将拖拉机开到场部加油。同志们见他眼睛熬的红红的，都关切地劝他说：

“你昨天晚上熬了一夜，今天就好好休息一下吧！”

“我不累。”

雷锋说完便跳上驾驶座，将拖拉机开上了机耕道，又开始了新一天的劳动。

农场的生活条件十分艰苦，有些青年嫌这里条件差，收入少，没前途，为此，农场共青团组织发动团员、青年讨论理想和前途问题。雷锋主动找这些同志谈心，发表自己的看法。

6月7日这天晚上，雷锋用《治沩工程报》的红格稿纸，写下了这样一段发人深思的话，既启发他人，又勉励自己：

……如果你是一滴水，你是否滋润了一寸土地？如果你是一线阳光，你是否照亮了一分黑暗？如果你是一颗粮食，你是否哺育了有用的生命？如果你是一颗最小的螺丝钉，你是否永远坚守在你生活的岗位上？如果你要告诉我们什么思想，你是否在日夜宣扬那最美丽的理想？你既然活着，你又是否为未来的人类的生活付出你的劳动，使世界一天天变得更美丽？我想问你，为未来带来了什么？在生活的仓库里，我们不应该只是个无穷尽的支付者。

转眼到了秋收季节，那沉甸甸的稻穗一片金黄。昔日荒芜的团山湖，经过农场同志们的辛勤劳动，如今变成了米粮川。

一天傍晚后，雷锋在田间散步，看着这一派丰收的景象，望着农场上空飞翔的燕子，他坐在田边，竟然情不自禁地写起诗来：

南来的燕子啊！
新来的候鸟，
从北方飞到了南方，
轻盈地掠过团山湖的上空，
闪着惊异的眼光。
我听清了呢喃的燕语，
像在问："为什么荒芜的团山湖，
今年改变了模样？"
南来的燕子啊！
让我告诉你吧：
团山湖这片未开垦的处女地，
是由于党的巨大力量，
才围垦成一个新的农场；
是他们——农场的工人们，

用勤劳的双手，
给团山湖换上了新装。
……

团山湖农场的万亩农田获得了大丰收。在这丰收的果实里，包含着雷锋热爱社会主义祖国的心愿和辛勤忘我的劳动精神。这首诗也抒发了雷锋对社会主义农场的热爱与赞美之情，寄托了他对伟大的共产党、对祖国大地、对自己美好的理想与未来的赞美与热爱。

（三）

1958年5月，全国到处都是一派热气腾腾的社会主义建设景象，正如毛主席在《介绍一个合作社》一文中所写的那样：

“从来也没有看见人民群众像现在这样精神振奋，斗志昂扬，意气风发。”

国家的这种工农业生产的大好形势激励着雷锋，也极大地鼓舞了雷锋。正当团山湖农场欢庆丰收的时候，全国又掀起了大办钢铁的热潮。雷锋想：我要是能当上一名炼钢工人，那该多好啊！

秋收后的一天，雷锋忽然接到一个电话。接完电话的雷锋异常兴奋，他马上请假赶到县里的招待所。

原来，给他打电话的是县招待所的服务员小张。小张原是县委机关的通信员，曾与雷锋一起工作过。小张在电话里告诉雷锋说，鞍山钢铁公司派人来望城招收青年工人了，招工小组现在就住在县招待所。

小张很想当一名炼钢工人，因此他主动与招工小组的人谈过，同时，他也希望雷锋能和他一起报名。一心想为国家作贡献的雷锋一听，

一口就答应了。他立即跑到农场，去征求农场领导的同意。他说：

“我想为总路线多出一把力，请批准我到鞍钢去当一名炼钢工人吧！”

农场领导虽然有些舍不得勤劳肯干的雷锋，但为了支援国家工业建设，适应钢铁生产发展的需要，还是批准了雷锋的请求。

第二天，雷锋就跑到县里和小张一起报名去了。在填写报名表时，雷锋和小张都改了名字。

雷锋原名叫雷正兴，小张原名叫张稀文。小张念书少，填表时有困难，因此就想请雷锋代笔。当他看到雷锋提笔在姓名栏中填写了“雷锋”两个字时，感到很奇怪，就问雷锋：

“这是谁的名字？”

“我的啊！‘雷正兴’是个孤儿的名字，我现在早就已经不是孤儿了。我想了很久，是用‘山峰’的‘峰’，还是用‘冲锋’的‘锋’好呢？现在我决定了，就用‘冲锋’的‘锋’，我要去鞍钢打个冲锋仗！”

接着，雷锋又帮小张填好了报名表。在填表时，他打趣地对小张说：

“小张，你这个名字就不太像个有文化的人——稀文，干脆改成‘建文’吧，怎么样？”

“行，你写上吧！”小张笑着说。

农场里不少人听说雷锋要走了，都很舍不得他，纷纷劝他说：

“在农场也同样是建设社会主义，为什么要跑到那么远的地方去呢？”

“听说东北可冷了，南方人到那里会受不了的！”

……

雷锋笑着说：

“这些困难都算不了什么。东北那么多人，从没听说有人冻死的。再说了，年轻人就应该到更加艰苦的地方去锻炼锻炼。”

几天后，雷锋怀揣着坚定的革命信念，和其他前往鞍钢的同伴们一起离开湖南，走上了新的战斗岗位。

当途径北京换乘火车时，雷锋约了几个伙伴，一起来到天安门广场。他站在金水桥旁边，久久地仰望着天安门上毛主席的巨幅画像，眼睛里闪耀着幸福的泪花。在这里，他还拍了一张照片，然后便与同伴们继续乘车北上了。

随着车轮有节奏的声响，雷锋的思想也仿佛生出了翅膀：我就要变成钢铁工人了，穿着帆布工作服，拿着常常的钢钎，站在炼钢炉前，为祖国炼出红彤彤的钢水，像瀑布倾泻，像火龙飞舞，然后变成一排排拖拉机、汽车，一辆辆飞机、大炮，运往祖国的四面八方……

这是多么有意义的一件工作啊！

第六章　走进鞍钢

一滴水只有放进大海里，才永远不会干涸；一个人只有当他把自己和集体事业融合在一起，才能最有力量。

——雷锋

（一）

雷锋和同伴们到了鞍山后，鞍钢的同志们敲锣打鼓，热烈地欢迎这批刚刚走上工业战线的青年战友。

鞍钢宏伟的建筑、高大的厂房、耸入云霄的烟囱、四通八达的运输线，处处都显示着工人阶级的伟大气魄和力量。刚下火车，雷锋对这里的第一印象就是——“我们的鞍钢真大啊！”

第二天，鞍钢组织新来的同志参观钢厂。雷锋看到炼钢工人们争分夺秒、为钢而战的英雄气概，不禁热血沸腾。他走到一座炼钢炉旁，问一位满头大汗、手持钢钎的工人师傅说：

“师傅，学会炼钢要多长时间啊？”

“怎么，你是要来我们车间吗？”师傅笑着问雷锋。

“我争取来。”

“那欢迎你来啊！”

“我一定来！”

接着，他们又到化工总厂参观。此时，正好又一列专用火车满载着乌黑的煤炭开进煤场。只见车皮上了翻车机，“哗啦”一声巨响，车皮便翻了个身，整车煤就卸到了煤场。

煤场中有几辆推土机，煤卸下来之后，这些推土机就用它们那巨大的机铲将煤推到高大的门形吊车底下，然后再由吊车将煤吊到运输带上，转运到炼焦车间……

这一切，几乎让雷锋看得目瞪口呆，同时也越发体会到工人阶级的伟大。这里的工人并不多，但一车煤转眼就卸完了，然后又会由吊车快速运走。这工作效率可真是高啊！

不久，鞍钢便开始给新来的工人分配工种。考虑到雷锋原来在农场期间曾开过拖拉机，鞍钢领导便将雷锋分配到化工总厂的洗煤车间，当一名推土机手。雷锋没有这个思想准备，因此在见到洗煤车间的于主任时，就坦率地问道：

“我是来炼钢的，我的志愿都填到表上了，为什么要把我分配到洗煤车间来呢？”

于主任是位老工人，很喜欢雷锋这种爽直的性格，于是上前拍拍雷锋的肩膀说：

“小雷同志，让你过来开推土机也是为了炼钢啊！就拿咱们洗煤车间来说吧，如果不把煤炼成焦，不把煤气送到炼钢厂，就炼不出钢来。所以，大工业生产就像一架机器，每个厂、每个车间、每个工种都是这部机器上的零件和螺丝钉，谁也离不开谁。你想想，机器缺少了螺丝钉能行吗？”

听完于主任的话，雷锋又想起县委张书记也曾说过一颗螺丝钉的重要性。雷锋弄通了道理，便决心在鞍钢这架大机器上当好一颗小小的螺丝钉。因此，他二话没说，高高兴兴地来到车间上班了。

这时，值班主任又告诉雷锋，开推土机算重新学习技术，要按照徒工的标准发工资，问雷锋有没有意见。

“没有意见。”雷锋爽快地回答说，“我不是为工资而来的，我是为参加社会主义建设而来的。”

值班主任赞许地点点头，随后分给雷锋一台小型号的推土机，说：

“以后你就跟着那台小号车干吧！”

“为什么要跟小的呢？”雷锋看出值班主任是想照顾自己，便说，“我要跟着大车学，那边不是有好几台大车吗？”

“开大车很吃力的。”

“我不怕，只要能多干活就行！”

值班主任很喜欢雷锋的这股冲劲，马上把他领到C—80大型推土机旁，指着车上的一位老司机说：

“那以后，你就跟着这位李师傅学吧。”

“太好了。”说完，雷锋没等李师傅把车挺稳，就忙不迭地爬上那辆大型推土机。他紧紧握住李师傅的手，说道：

“李师傅，收下我这个徒弟吧，我保证能很快就学会它。”

（二）

李师傅听说雷锋过去学过开拖拉机，虽然担心他个子小，开大车有困难，但还是高兴地收下了他这个徒弟，只是说：

“你这个南方小鬼，来东北就赶上了冬天，开推土机又是露天作业，你受得了吗？”

“师傅您放心吧，我不怕困难，什么困难也难不住我。”

就这样，雷锋迎着越来越冷的寒冬，开始学习操作推土机的技术。像在农场开拖拉机一样，每天他都提前上班，做好各种准备工作，等李师傅一到，就能立即作业。

李师傅在开车时，雷锋就认真在旁边观察，琢磨着开推土机与开拖拉机有哪些不同之处，又有哪些相同之处。如果遇上钳工来维修推土机，他还要帮助钳工一起检修机器，进一步熟悉推土机的内部构造、各种部件的性能，以及拆卸安装等技术。

有一次，推土机的油泵出现了故障，李师傅刚要动手修理，雷锋马上拿起工具，说：

“师傅，让我来修吧。”

“你能行吗？”李师傅担心雷锋不会。

“让我试试吧！”

“好，那你来试试。”李师傅答应了。

雷锋立即钻到推土机的车盘底下，仰卧在煤地上检修机器。虽然他弄得满身油污和煤灰，但他很快就修好了油泵。

李师傅很高兴，以后逢人就说：

“在我教的徒弟里面，数小雷年龄最小，但他是学得最好的一个。像他这样勤奋、虚心，就没有学不好的技术。”

不久，雷锋就可以单独操作推土机了。他驾驶的C—80推土机的机身很高，但他个子小，坐在里面开车很困难，看不到前面的大铲子；站起来开车，车棚盖又会碰脑袋。所以，他每次都不得不猫着腰开车。

值班主任见他开大车实在太吃力了，就想给他换个小车，好能比较舒服地坐着开车。但值班主任说了几次，雷锋都不肯换。他说：

“这点困难我能克服。开小车干活太慢，我有十分的力气，就绝不使九分九。”

值班主任打心眼里佩服这个倔强、能干的小伙子，多次在交接班会上表扬他不怕困难、勇于吃苦的工作精神，并号召大家向他学习。

一天，一场大雪覆盖了煤场。雷锋上班后，主动站在雪地里指挥铲煤，让李师傅坐在驾驶室中操作。休息时，他又让师傅进屋暖和一下，自己开动车子又干了起来。

由于雪大路滑，旁边又没人指挥，车子忽然猛一颠簸，撞歪了通廊下的小铁道。听到车前一响，车身一抖，雷锋马上停下车下来检查。

李师傅也从屋里跑了出来，见小铁道被撞歪了，就很生气地批评雷锋说：

“小雷，你怎么这么莽撞？只知道完成自己的任务。你撞坏了通廊的小铁道，人家可怎么完成任务？”

雷锋当学徒三个月来，第一次出事故，也是第一次挨批评，心里十分难过。但他一声没吭，利用休息的时间，同李师傅一起修好了小铁道。

为了这件事，当天晚上，雷锋和李师傅都没睡好觉。李师傅担心雷锋闹情绪，就对他说：

“小雷啊，昨天我对你批评得太厉害了，你生气不？”

雷锋诚恳地说：

“李师傅批评得对。您批评我，是为我好，批评再严厉我也能接受，以后我一定不再犯这样的错误了。”

从此，雷锋在工作中更加认真，也更加用心了。

（三）

在车间里，一天的工作完毕后，年轻的伙伴们经常会换上干净整洁的衣服，怀着喜悦的心情，去街上看戏、看电影。雷锋的衣服十分朴素，有时甚至都打着补丁，有的伙伴看不过去，就对他说：

“雷锋，你总是穿着这套衣服，别人看了会笑话你的。”

“这套衣服挺好的啊。”雷锋上下看了看自己的衣服说。

“一个单身汉，总要有件好衣服的。出去玩，也好看一点。这里是鞍钢，又不是农村，你自己不在乎，别人会觉得寒酸的。”

雷锋对这些并不在意，而且他平时也很少出去玩。但是，每逢厂子里和团组织举行活动时，其他人都会对他的那身打扮侧目而视，议论纷纷。时间长了，雷锋自己也觉得有些不合群，这身打扮可能真的有些“土”了。

星期天，雷锋就问一个伙伴说：

“你知道哪里有卖衣服的吗？”

同伴们一听，立即附和说：

“走，雷锋，我们陪你一起买衣服去。”

大家陪着雷锋一起出了门，说说笑笑地来到百货大楼。在这里，雷锋买了一件皮夹克，一条料子裤。他很高兴，回到宿舍后，就对着镜子打扮起来。

“瞧瞧，雷锋同志这样看起来多帅气啊！”同宿舍的小伙子打趣道。

雷锋虽然被他们说得有些不好意思，但心里却十分高兴。

不久，国家提出了增产节约、勤俭建国的号召，党、团支部要求大家发扬党的艰苦奋斗的优良传统。

这天，雷锋收到一封信，打开一看，是县城张书记给他写来的。张书记在信中写道：

小雷，你走后的几个月，县里又办了三个工厂，现在还在筹备建立一个万头养猪场，全县生产形势一片大好。希望你在伟大的工人阶级队伍中，更加自觉地接受党和人民的培养和教育，认真学习，改造自己，永不忘本，争取早日成为一个具有共产主义觉悟的优秀工人。

看完张书记的信，再想想党和团组织的号召，雷锋思绪万千。回到宿舍，他看到自己刚刚买来的新衣服，不由暗暗责备自己：现在都提倡艰苦奋斗的优良传统，而我怎么讲究起穿戴来了呢？他又想起旧社会时自己所过的苦难日子，心如刀绞。他在日记中这样写道：

螺丝钉要经常保养和清洗，才不会生锈。人的思想也是这样，要经常检查，才不会出毛病。

第二天，雷锋一起床，就把那套新买的夹克和裤子放进了箱子，重新又穿上了原来的那套旧衣裤。

同伴们见雷锋又穿上了旧衣服，都感到很惊奇：

“雷锋，你怎么又换上这套旧衣服了？”

雷锋认真地说。

“这套衣服不是挺好的吗？起码还能再穿几年呢！你们应该想想，旧社会时我们都穿什么？衣服只要朴素大方就行了，一味地讲究吃穿，就容易忘本。现在全国人民的生活水平都不高，国家还在建设之中，身为工人阶级的一员，我们更应该勤俭节约，以身作则，支持国家建设。”

听了雷锋的话，同伴们也都觉得很有道理。在雷锋的带领下，大家把自己每个月攒下的钱都存入银行里攒起来，准备日后用来支援国家建设。

此后，雷锋不仅更加认真工作，还开始认真学习《毛泽东选集》。每天下班后，他都会跑到工厂里的图书室看书。有的文章看不太懂，他就多读几遍；如果还看不懂，他就去请教别人。

正在这时，洗煤车间为老工人们组织了一个业余文化夜校。当时夜校缺少语文教员，雷锋知道后，就主动要求去担任。每次上课前，他总是先到教室中，把桌椅擦干净，然后等着大家来上课。

1958年8月下旬，随着国家对钢铁需要的不断增加，鞍山钢铁公司决定在矿山新建一座焦化厂，需要调动一些人前往那里进行基础建设。车间副主任找大家谈话，动员大家过去，但有人听说那边条件差，环境艰苦，都不想去。可雷锋听了，毫不犹豫地站起来说：

“艰苦一点怕什么？我愿意去！”

会后，有的工人说：

“只有傻子才会去那里呢！那里既没好吃的，住得地方也不好，还不给涨工资，我们去干嘛？”

雷锋听了，十分生气。他大声说：

“如果大家都像你这样想，那社会主义该怎样建设？我们的国家又怎么能富强？党教导我们：哪里艰苦就到哪里去，哪里需要就到哪里去。我愿意去。”

在雷锋的带动下，很多青年伙伴都积极响应，跟随雷锋一起意气风发地奔向新的战斗岗位。

第七章　忘我劳动

力量从团结来，智慧从劳动来，行动从思想来，荣誉从集体来。

——雷锋

（一）

1959年8月下旬，雷锋和一群青年伙伴们斗志昂扬地来到了矿山焦化厂工地。在党的八届八中全会公报鼓舞之下，他们决心为祖国的社会主义建设事业做出新的贡献。

新建的焦化厂位于一个偏僻的山脚下。雷锋和同伴们刚来时，工人宿舍还没盖起来，大家只能暂时住在破旧的土房里；食堂也是临时搭建的大席棚，洗脸用水都要到距离工地1千米外的地方去挑。这里与鞍山的生活条件相比，真是差得很远。

工地团总支部李书记听说雷锋是从鞍钢化工总厂来的先进生产者，出席过鞍山市青年社会主义建设积极分子大会，是个优秀的共青团员，来工地后又一天忙到晚，几乎不停歇，心里就想：要搞好工地建设，把共青团工作开展起来，就需要这样优秀的共青团员起模范作用啊！

因此，他将雷锋叫到身边，对他说：

“小雷，你与那些怕吃苦、不安心的同志不一样，希望你今后能更好地发挥模范作用。”

雷锋向李书记表达了自己的决心，他说：

“我是苦孩子出身，是党把我培养大的，党指向哪里，我就战斗到哪里。越困难的环境，越能锻炼人，我一定要在这里扎根，带领伙伴们把这里建设好！”

李书记欣慰地点了点头。

一天夜里，天气忽然刮起了大风，破烂的工房被大风刮得嗖嗖响，大家都没睡好觉。

挨着雷锋睡的一位老师傅坐起来，将自己压脚的棉被盖在雷锋的身上。

“老师傅，我不冷，您盖吧。”雷锋忙起来，把被子又盖到老师傅身上。

“南方小鬼，你是比不上北方人抗冻的！”老师傅说完，还是把被子给雷锋盖上了。

雷锋十分感动，他说：

“师傅，我什么苦都吃过……比比过去，眼下能够有个睡觉的地方，我就已经感到很幸福了。”

雷锋深切地感受到，生活在伟大的社会主义时代，到处都充满了团结友爱的阶级感情，这让他进一步增强了奋发向上、战胜困难的决心。他在日记中这样写道：

> 我们在建设焦化厂过程中，住不好、吃不好和工作环境不好等，这些困难都是暂时的、局部的，可以克服的。只要我们有叫高山低头、河水让路的气概，是没有战胜不了的困难。

不久，焦化厂便开始为工人修建宿舍，大家都要上山采运石头，每次雷锋都拣重的挑；运木材时，雷锋也挑大的抗。每次发现别人做好人好事，雷锋都会编成快板，写成墙报，进行宣传鼓动；但对自己每次所做的好事，他却从不告诉大家。

在雷锋的带动下，大家的工作积极性非常高。不久，领导便将雷锋编入了青年突击队，共青团员们还选他当了团支部的宣传委员。

入冬以后，东北的山区格外寒冷，这给施工带来了新的困难。经过研究，领导们将施工中和泥这个最脏、最累的活儿交给了青年突击队雷锋所在的小组。

雷锋接到任务后，马上带领大家拿着铁锹、二齿钩子等，站在泥水外面搅拌。但不久，雷锋就发现了一个问题：每天砌砖和运砖的同志来到工地，都要等河泥小组把泥和好后才能干活。这就要等半个多小时才能施工，使施工进度受到影响。

为了不影响施工进度，雷锋便发动几个共青团员提前上工。每天天还没亮，雷锋就带领几个工人来到工地先和好泥，等砌砖和运砖的同志们一上班，就能马上开工干活。

但在施工过程中，由于缺乏经验，雷锋等人一开始用土和的泥黏性很小，砖砌得很不牢固。经过大家的研究，最后决定把蒿草、沙子和土掺合在一起，这样就能解决泥的黏性问题。

随后，大家又拿着铁锹、二齿钩子等站在泥水外面搅拌，可是其中的硬土块还是搅拌不开，砌墙的同志对此感到很不满意：

“这是怎么和的啊？又慢又有疙瘩，都没法用！”

雷锋见工程因为自己而受到了影响，很是着急。他想了想，随后不声不响地脱下鞋，挽起裤腿，赤脚跳入泥堆里，用脚去和泥，这样就能用脚把泥土中的硬土块踩碎，也能搅匀泥、沙子和蒿草。

可是，在这严寒的天气，水和泥都冰冷刺骨，雷锋的脚很快就冻僵了。

工段的领导听说雷锋光脚和泥，担心他把脚冻坏了，就过去叫他穿上胶靴。可是雷锋穿上胶靴刚一踩入泥里，胶靴就被泥水粘住了，拔都拔不出来。

雷锋担心再这样会窝工，也顾不上寒冷了，脱下胶靴，光着脚又踩入泥里，使劲地和起来。

在雷锋的带动下，同伴们也学着他的样子干了起来。冰冷的泥水，一踩下去便感到刺骨般寒冷；沙子、蒿草扎得他们的脚生疼，但他们都毫不在意，一直坚持干下去……

（二）

在大家齐心协力的努力下，宿舍工程的进展很快。砖墙越砌越高，但越高就越难向上运水泥。雷锋边干活边琢磨：能不能想点好办法，可以比较省力地向上运送水泥呢？

过了一会儿，雷锋对一起从湖南来的小叶说：

“来，你帮我参谋参谋，搞个横杆吊斗运水泥，你看行不行？”

说完，雷锋就把大伙儿叫到一起，蹲在地上画着图，讲解他的想法。

大伙儿讨论了一番，最终认为雷锋的想法可行，并立即向工段领导作了汇报。领导听完雷锋的想法后，表示支持。随后，在老师傅的帮助下，大家当天就在工地上架起了木制的“横杆吊斗”。经过试验，这一方法完全可行，吊泥、吊砖、吊瓦都可以，大大地加快了施工的进度。

天气越来越冷了，工程急需在严冬到来前完工，但这时又出现了一个严重的问题：打地基的石头不够用了。雷锋和青年突击队的同志们首先响应领导号召，抓紧时间找石头。他们在距离工地不远的河沟里发现了一些石头，雷锋赶紧和几个同伴跑去，用钩子向上钩石头。

当时的河水已经结了冰渣，而大块的石头都在河中间，很不容易钩上来。于是，雷锋就带头脱掉鞋袜，挽起裤腿，一起踏进河里，踩着冰渣，蹚着水去捞石头。水深的地方，可以没过膝盖，冻得大家的腿脚又疼又麻，但他们仍然咬着牙，把石头一块一块地搬到岸边。

在大家的努力下，石料的问题很快也得到了解决。雷锋见青年伙伴们的劳动劲头都如此高昂，心中非常高兴。他激动地在自己的日记中写道：

青春啊，永远是美好的，可是真正的青春，只属于这些永远力争上游的人，永远忘我劳动的人，永远谦虚的人！

即使在紧张的劳动之中，雷锋也时刻没有放松学习。每大晚上歇工后，他都要坐在灯下读书，而且经常读到很晚。他还经常对身边的伙伴说：

“刀不磨要生锈，人不学习就要落后啊！”

这天晚上，雷锋正在新建的调度室里读书，忽然听到外面下起雨来。他走到调度室门口，风雨迎面扑来，天也黑得伸手不见五指。

这时，陈调度员十分着急地说：

“哎呀，工地的火车上还有6节敞车水泥没盖呢，被雨一淋就会变质，这可怎么办？”

雷锋一听，大吃一惊，这可是国家的财产，决不能让它受到一点损失。他马上放下手中的书，叫来二十几个小伙子，大家一起冒着雨奔向装着水泥的列车去抢救水泥。

雷锋和大家跑到列车前，有的找雨布，有的找芦席，抬的抬，盖的盖，经过一夜激战，7200多袋水泥得到了保护，没有受到一点损失。

雷锋的这种忘我的工作热情，得到了领导和同志们的普遍认可和赞扬。不久，抢救水泥这件事便被《辽阳日报》报道了，报纸专门表扬了雷锋舍己为公的光荣事迹。

（三）

一天早晨，天气刮着北风，还飘着小雪，气温降到了零下20多度，非常冷。工人小叶要赶早到鞍山去办事，一出门就打了个寒战。

他沿着公路向前走着，忽然看见前面有个人影，个子不高，两个帽耳被风吹得直呼扇。那个人一手提着粪筐，一手拎着粪铲，一会儿弯下腰，一会儿又站起来。小叶想：北方人就是抗冻，这么冷的天，还能起早拾粪呢！

可当小叶走近一看，大吃了一惊：原来拾粪的人是雷锋！

“雷锋，这么冷的天，你起大早拾粪做什么？难道你要种田啊？”

雷锋呵呵一笑，说道：

“我种什么田啊？我拾粪是为了支援人民公社啊，支部不是号召我们多给生产队做些好事吗？再说，早起也能锻炼耐寒力呢！”

听了雷锋的话，小叶深受启发，也更加敬佩雷锋的这种精神。这天他是为赶早车才起了个大早，否则现在还躺在热被窝里睡大觉呢！可人家雷锋却响应党的号召，已经起来拾了半筐粪了！

小叶还发现，雷锋穿得十分淡薄，就又关切地问：

“你的棉衣呢？”

“刚才送给吕大爷穿了。”

雷锋口中的吕大爷，是附近的一个牧羊老人。雷锋了解这位老人在旧社会吃了不少苦，解放后也是一心一意参加农业劳动，为建设社会主义新农村积极出力，便打心眼里热爱这位老人。今天出来时，正好遇到老人外出放羊，雷锋见他穿得很少，就把自己的棉袄脱下来，硬是给老人披上了。

“你穿这么少，还坚持拾粪，不冷吗？”小叶问他。

“咱们年轻人，活动一下就热乎了，不能让老人冻着啊！”雷锋说，“而且我还有个体会，就是当你为别人做点好事时，自己虽然冷点，但心里却是很暖和的。”

这件事对小叶的教育很大。此后，他经常与雷锋一起早起拾粪。他们还在宿舍的后面挖了一个粪坑，粪坑装满后，便不声不响地把粪送到生产队里，前后一共送了2000多千克。

社员们发现多了一堆粪，都很奇怪，后来才知道是雷锋他们送来的。这让社员们都很感动，他们纷纷表示要向雷锋同志学习，多打粮食，支援祖国的工业建设。

雷锋在焦化厂只工作了5个多月，加上在鞍钢化工总厂的工作时间，一共只有一年零两个月。但是，他3次被评为先进工作者，18次被评为标兵，5次被评为红旗手，还荣获了“青年社会主义建设积极分子”的称号。火红的青春，赢得了满身的荣誉。在自己的日记中，雷锋这样写道：

一滴水只有放进大海里，才能永远不干；一个人只有当他把自己和集体事业融合在一起，才能有力量。

力量从团结来，智慧从劳动来，行动从思想来，荣誉从集体来。我要永远戒骄戒躁，不断前进。

同学小胡一次生病，雷锋便利用课余时间主动上门为她补习功课；见她家缺少人手做事，他又热情地帮她家人挑水、切猪菜。小胡和她的母亲非常感激雷锋，而雷锋却回答说："这有什么可谢的呢？少先队员应该听毛主席的话，互相关心，互相爱护，互相帮助嘛！"

第八章　步入军营

不经风雨，长不成大树；不受百炼，难以成钢。

——雷锋

（一）

长久以来，参军都是雷锋的一个梦想。他一直都梦想自己能够成为一名光荣的人民解放军战士，加入到保卫人民共和国的战斗行列。但是，他私下一直很担心，因为自己的个子矮，体重还不足50千克，人家愿意收吗?

1960年春，国家的年度征兵工作开始了。这个消息像春风吹遍了整个工地。小伙子们都按捺不住自己心头的喜悦，相互炫耀着自己那强健的体魄。

第二天就是报名的日子了，这天晚上，雷锋躺在床上辗转反侧，难以入睡。他想到了自己小时候所受的苦，是党把自己救出来的；他想到新中国成立初期，他曾要求加入人民解放军，但由于年纪小，部队没有同意；后来，是党送他上学，学习文化，又让他学会了开拖拉机、推土机，成为一名有技术的工人；现在，自己年龄已经够了，可以参军保卫祖国了。他又想到了新建的工厂就要投入生产了，要是自己离开这里，还真有些舍不得。

但是，雷锋最后还是决定：是共产党给了他新生，他一定要争取成为一名解放军战士，用自己的热血和生命保卫祖国，保卫人民，保卫今天的幸福生活。这是每个青年人义不容辞的责任。

为了争取报到头名，雷锋第二天早晨3点多就起床了。他穿好衣服，洗漱完毕，跑到负责征兵工作的团总支书记门口，啪啪地敲起门来。

团总支书记打开门一看，门外原来是雷锋，就故作糊涂地问：

“你呀，三更半夜不睡觉，这么早跑过来干什么？”

“李书记，我是来报名参军的。”

“看看你，快把衣服穿好，万一冻出病来，连枪杆都扛不动，你还怎么参军？”

说着，团总支书记将自己的棉袄脱下来披在雷锋身上，又说：

“你个子小，体质也不是很好，体检是否能合格，我可不敢保证啊！”

“只要厂里能同意，我才不怕检查呢！”雷锋信心十足地说。

团总支书记笑着说：

“好，那你就准备接受体检吧。”

“那就是说您同意我参军了？”

“对。”团总支书记点了点头。

“太好啦！”雷锋高兴得差点跳起来。

过了几天，厂里的体检结果出来了，接到入伍通知书的有四人，但没有雷锋。雷锋听说入伍的名单中没有自己，急得脸色都变了。他赶忙找到团总支书记，着急地问：

“为什么没有我啊？”

团总支书记让他坐下来，和蔼地向他解释说：

“小雷，这次报名参军的人很多，不可能每个人都能去。你的身体素质不如别人，所以就没有批准你。现在在工厂里，也同样是在建设祖国，也是在为国家做贡献，同样也是光荣的啊！”

“可是我想当兵，您就再给我联系一下吧。”雷锋恳求道。

这让团总支书记有些为难。他知道，入伍的名单已经确定了，再要求增加恐怕来不及。但团总支书记了解这个年轻小伙子的心，因此答应再给他联系一下，并告诉雷锋，参军的事得辽阳市人民武装部同意才行。

（二）

雷锋听说参军的事要经过人民武装部同意，就直接请了假，自己走了几十里路，来到辽阳市人民武装部。

一见到人民武装部的负责同志，雷锋就诉说起自己的经历来，说明他为什么当兵，并恳切地说明了自己要求参军的志愿和决心。

武装部的同志见雷锋要求当兵的心情十分急切，就让他先到体检站去检查一下身体。雷锋一听，急忙高兴地转身向体检站跑去。

在体检站量身高时，雷锋看到那些应征的青年都比自己魁梧，觉得这一关肯定不好过。不一会儿，医生就喊他测量身高了，他急忙对医生解释说：

“别看我个子小，我可是个推土机手，满身都是劲儿！”

医生笑了笑，量完后说道：

“才1.54米，是矮了点。”

雷锋又急忙说：

“个子矮，打起仗来更灵活。”

量体重时，雷锋站在磅秤上，使劲儿向下压。

医生见了，就笑着说：

“小伙子，你用多大的劲儿也添不了秤啊。你看，这还不够50千克呢！”

“我还没吃早饭呢，要是吃了早饭，保证能够！”雷锋又急忙解释说。

这些话逗得医生们都笑起来。而当雷锋把内衣脱下来，准备做内科检查时，医生发现他的脊背上有些伤疤，就惊异地问：

“你的这些伤疤是怎么回事？”

一提起这些伤疤，雷锋伤感地说：

“这些伤疤都是旧社会在我身上烙下的仇恨！为了人们永远不再有这样的伤疤，我才要求去参军的！”

医生对雷锋的遭遇十分同情，但雷锋的身体条件的确差一些，医生也做不了主，因此就让雷锋去找找人民武装部的领导同志谈一谈。

雷锋急忙又跑到人民武装部，向一位征兵助理员讲述了自己的情况，并恳求说：

“请批准我当兵吧！”

但征兵助理员说：

“你的情况我们都了解了，但兵役工作也要按条例进行。你的条件不够，就不能勉强，其实在工厂里工作一样也是建设祖国嘛！”

“这么说，我真的不能当兵了？”雷锋失望地说，“您能不能再帮我说说？虽然我的身体条件差了些，但我保证一定能当个像样的兵。”

征兵助理员见雷锋的态度十分恳切，就说：

“那你先回去等通知吧！”

雷锋一听，以为自己已经被批准了，高高兴兴地返回了厂里。但在厂里等了两天，也没有等到入伍通知书，雷锋又着急了。他马上又向厂领导请了假，并把自己平时穿不到的衣服送给了吕大爷，把自己的

生活日用品和几本书、几本日记放入一个小提箱里，拿起箱子就直接到人民武装部去了。

雷锋的再次出现把征兵助理员吓了一跳，他不知道这个小伙子怎么又找来了，就问雷锋道：

“你的问题我们已经研究过了，觉得还是有困难，不能征你入伍。你现在怎么把东西都带来了？不能入伍你怎么办？”

“为什么我不能入伍？你们不是已经决定了吗？我是真心要参军的。”

“你的热情我们了解，但你的身体条件不够，我们不能把不符合条件的青年交给接兵的同志。”

“那接兵的首长是谁？”雷锋问道。

“荆营长。”

“那我去找他。”

雷锋说完，就离开了人民武装部，直接去找荆营长了。他认真地向荆营长说明了自己的来意，并介绍了自己的情况。

荆营长对雷锋的问题很重视，专门与武装部的领导同志研究了雷锋的入伍问题。他们认为，雷锋是个苦孩子，政治素质好，立场坚定，工作积极，入伍动机正确，虽然身体条件差一点，但青年人正是身体发育的时候，以后经过锻炼，很快就能长结实。因此最后决定：批准雷锋入伍。

（三）

1960年1月8日，雷锋的愿望终于实现了。他兴奋地穿上新军装，成为一名光荣的解放军战士。

在准备启程时，雷锋与武装部的领导同志辞行，他庄重地说：

“我万分感谢党，我一定要当一名毛主席的好战士！”

带着同志们的祝福与期望，雷锋和其他入伍的新兵一起向着辽阳火车站出发了。雷锋走在队伍后面，昂首阔步。经过夹道欢送的人群时，新兵战士在一片热烈的气氛中登上了列车。随着一声汽笛的长鸣声，火车开动了，雷锋光荣地走上了保卫祖国的战斗岗位。

这天晚上，雷锋在火车上，以激动的心情写下了入伍第一天的日记：

这一天是我永远不能忘记的日子，这一天是我最大的荣幸和光荣的日子。我走上了新的战斗岗位，穿上了黄军服，光荣地加入了中国人民解放军。我好几年来的愿望在今天已实现了，真感到万分高兴和喜悦，这是我一生最大的幸福。

在党的正确领导下，在革命的大家庭里，我一定要好好地锻炼自己。在入伍的这一天，我并提出如下保证：听党的话，服从命令听指挥，党指向哪里，我就冲向哪里。……严格遵守部队的一切纪律，做到虚心向老战士学习。刻苦钻研，加强军事学习，随时准备打击敌人。……克服一切困难，发扬长辈优良的革命传统。我要坚决做到头可断、血可流，在敌人面前决不屈服、投降。我一定要向董存瑞、黄继光、安业民等英雄的战士学习。……我要努力学习政治、军事、文化，我要好好地锻炼身体，我一定要在部队争取立功当英雄，我一定要做一个毛泽东时代的好战士，我要把我可爱的青春献给祖国最壮丽的事业……

火车刚刚驶入营口车站，月台上便锣鼓喧天，响起一阵阵的口号声。新战士一下车，团首长和老战士们便立即迎上来，逐一与新战士握手，争着抢着为他们背背包……

负责接兵的同志指着雷锋向团首长介绍说：

“这个小同志，是大家推举的新战士代表。”

雷锋立即向团首长敬了个礼。

“小鬼，你叫什么名字？”团首长亲切地问。

“雷锋。”

由于车站人多嘈杂，加上雷锋说话还带着浓重的湖南口音，团首长没有听清楚，便又追问了一句：

“叫什么？”

“雷锋——打雷的雷，冲锋的锋。”

“哈，好响亮的名字啊！”团首长拍着雷锋的肩膀说，“一会儿要召开欢迎新战友大会，要请你这位新战士代表讲话啊！”

老战友们热情地拥着新战友，一起列队来到操场上。随后，“欢迎新战友入伍大会”开始了。首先由团首长和老战士代表讲话，热烈欢迎新战友在伟大的60年代刚刚开始时，光荣地加入到中国人民解放军，同时希望他们在党的光辉照耀下，为保卫祖国做出自己应有的贡献。

随后，主持会议的同志宣布：

“下面由新战士代表雷锋同志讲话。”

在一阵热烈的掌声中，雷锋精神抖擞地走上讲台，他的个子虽然不高，但却十分精神。雷锋站到讲台上，首先规规矩矩地向台下敬了一个礼。接着，主持会议的同志向大家介绍说：

“雷锋同志在入伍前，在农业战线上是优秀的拖拉机手，在工业战线上3次被评为先进工作者，18次被评为标兵，5次被评为红旗手，3次被评为节约能手，报纸曾经专门表扬过他……”

会场上再一次响起热烈的掌声，大家都用钦佩的目光望着讲台上的这位年轻有为的新战友。

掌声停歇后，雷锋开始讲话了。他看着事先准备好的讲演稿，大声说道：

“敬爱的首长和全体老大哥们，请让我代表新战士……”

雷锋一句话还没讲完，忽然刮来一股北风，将他的讲稿吹了起来，打断了他的讲话。他急忙用冻僵了的手重新摊平讲稿，但风很快又将他的讲稿吹开了。

雷锋见状，干脆把讲稿收起来，直接冲着话筒讲了起来：

“同志们，我们这些新战士，能够在60年代开门红的日子里穿上军装，扛起枪杆，走上保卫祖国的战斗岗位，感到非常光荣、非常高兴。毛主席曾说：‘我们都是来自五湖四海，为了一个共同的革命目标，走到一起来了。’我们有的是工人，有的是社员，有的是学生，可我们只有一个心眼，那就是：一定要很好地学习毛主席著作，练好杀敌的本领，为保卫我们的伟大社会主义祖国当个像样的兵，决心做毛主席的好战士！”

雷锋讲完话后，会场又是一阵热烈的掌声，大家都纷纷称雷锋说出了他们的心里话。

随后，欢迎新战友的大会在热烈的气氛中结束了，部队首长和老战士帮助新来的战友提着背包，一起送他们来到新兵连宿舍。

老战士们早已将新兵宿舍打扫得干干净净，床铺铺得厚厚的，上面铺着雪白的床单，叠放着崭新的棉被，火炉也早已烧得旺旺的，一进屋，大家就感到一股迎面而来的温暖。这一切，都让雷锋的心里热乎乎的。

第九章　军旅生活

青春啊，永远是美好的，可是真正的青春，只属于这些永远力争上游的人，永远忘我劳动的人，永远谦虚的人。

——雷锋

（一）

新兵入伍后不久，首先就是基础训练。在部队驻地的操场上，有一块红色的标语牌，上面写着“为了保卫祖国，苦练杀敌本领”。

每天一大早，战士们都在刺骨的寒风中进行队列训练。别看这种训练动作简单，却最能磨练战士们的意志。雷锋对这一点十分清楚，因此他从一开始就按照一个老兵的标准来严格要求自己。耳朵冻红了，手冻僵了，眉毛上结了白霜，他都毫不在意，只是全神贯注地听着班长讲解动作要领，一招一式，都丝毫不敢懈怠。凭着勤奋与刻苦的精神，雷锋做的动作又快又合乎标准。班长对雷锋的表现十分满意，经常称他是一名优秀的人民解放军战士。

除了基本训练外，新兵每天还要进行4小时以三面红旗为基本内容的社会主义教育及传统教育，同时还进行军容风纪、内务卫生等方面的训练。雷锋与所有的新战士一样，对这些既感到新鲜，又感到亲切，不论学什么都特别认真。

在新兵的教育中，团首长还亲自给大家上了一堂传统的教育课。雷锋跟随着新兵队伍来到团俱乐部，一进门就被挂在墙壁四周的许多奖旗吸引住了。

“啊！这么多的奖旗，这都是怎么得的啊？”

雷锋目不暇接地望着一面面奖旗上绣的字，有的绣着“名扬川西”，有的绣着“功在黔东南”，有的绣着“万难莫挡英雄连”……有些还留着战争年代烟熏火燎的痕迹。

大家坐好后，团首长向他们一一讲解了这些奖旗的来历，其中包含了无数英勇顽强、可歌可泣的战斗故事。

在讲解中，团首长特别强调了我军官兵一贯坚持的优良传统。在那战火纷飞的年代，首长与战士们同吃一锅饭，同睡一铺炕，同在一个战壕中战斗。行军过程中，部队首长将自己的马让给伤病员骑，连长、指导员抢着帮战士们背背包、扛枪、抬伤员。宿营时，干部给战士们打洗脚水，用针挑血泡，夜间查铺查哨。在十分艰苦的环境中，大家同生死，共患难，哪怕只有一口水，一把炒面，干部和战士都你推我让……

雷锋聚精会神地听着团首长的话，内心既感动不已，又对自己能生活在人民军队的革命大家庭中感到无比的自豪和幸福。

此后，雷锋以自己的实际行动，在部队中继续发扬人民军队的优良传统。虽然是在新兵连，但他却像个老战士一样，热心地关心、帮助战友。开饭时，他主动给大家读报；休息时，他主动教大家唱歌；出公差勤务，搞内务卫生，他都抢在前头。

每天早晨，本来都是由值日的同志起来生炉子取暖的，但雷锋每天都比值日的同志起得早。起床号刚刚响起，他就已经把宿舍的火炉生得旺旺的了。战友们都纷纷说雷锋是个“闲不住的人”，说他的工作

热情就像是那火炉里的火苗一样旺盛。

（二）

一天夜里，雷锋在营房门前站岗。他站岗的时间是凌晨2点到3点，随后就应该有人来接他的岗。但过了接岗时间后，下一班的战士也没有来，雷锋握了握自己手中的冲锋枪，迎着寒风，一直坚持到天亮。

可能是夜里站岗受了凉，早晨收操回来，雷锋就感到头有些晕晕沉沉的，身上也冷一阵热一阵。但他不愿意因为自己的一点小病让首长和同志们担心，便强打精神，没有露出一点病容，照常参加新兵连的各项训练。

晚上，熄灯号吹过后，战友们便陆续上床睡着了。雷锋躺在床上，却怎么都睡不着，浑身还是时冷时热的，还有些鼻塞。但他想，自己从小就盼着当兵，现在已经背上了枪，挎上了手榴弹，就看自己怎样苦练杀敌的本领了，怎么能因为一点小病就耽误训练呢？

这时，新兵营的荆营长身披大衣，手拿电筒，轻手轻脚地来查铺了。有的战士在酣睡中伸出胳膊，营长就给他把胳膊放在被子里，再掖好被角。

雷锋一动不动地看着这一切，担心营长发现自己生病了，为自己操心，便悄悄地用被子蒙上头，假装睡着了。

营长走到雷锋床前，轻轻地掀开被角，悄声问道：

“小雷，你怎么把头蒙上了？”

“营长，您也该休息了，我这就睡。”雷锋说完，又要蒙头。

营长发现雷锋的脸烧得通红，伸手摸了摸雷锋的额头，感觉他的额头热得发烫。

“小雷，你生病了，怎么不早说呢？”

说完，营长给雷锋盖好被子，转身出去了。

过了一会儿，荆营长又返回来了，后面还跟着一个手提药箱的同志。原来，荆营长是冒着冬夜的寒风到附近的卫生所请医生去了。经医生诊断，雷锋患上了重感冒。医生给雷锋开了药，然后就走了。

医生走后，营长忙给雷锋倒了杯热水，让雷锋把药吃了。为了让雷锋发汗，营长又给他盖好被子，又将自己的大衣脱下来盖在雷锋身上，临走时还嘱咐说：

“小雷，有病可不能这样挺着了！好好睡一觉，出一身热汗就会好了。”

雷锋躺在荆营长给他安置好的热被窝中，感觉比婴儿睡在母亲的怀抱中还要温暖。他望着窗户玻璃上结的冰花，禁不住流下了热泪，心中想到：在我成长的过程中，有多少革命前辈，多少阶级兄弟都在无微不至地关怀、抚育着自己，从而让自己的革命的队伍中，在亲如手足的阶级友爱中，一步一步前进啊！

清晨嘹亮的军号声打破了军营的寂静，雷锋猛然醒来，感觉自己好了些，便有要下地生炉子。班长见了，忙过来制止他说：

“雷锋，你忘了营长怎么嘱咐你的了？快躺下！病了，可不能硬挺着干啊！”

战士们一起动手，很快就生好了火炉，并都围在雷锋床前问寒问暖，有的给他送来热毛巾擦脸，有的给他端水送药，班长还从伙房里给他端来一大碗热腾腾的面条，亲切地说：

“雷锋，这是营长通知炊事班特意给你做的，快趁热吃吧！”

雷锋接过还冒着热气的面条，感到浑身上下都暖呼呼的。他赶紧让一位同志帮他把压在被子上的荆营长的大衣还给营长。

雷锋病好后，在日记本上深情地抄录了这样一首歌：

唱支山歌给党听，
我把党来比母亲，
母亲只生了我的身，
党的光辉照我心。
旧社会的鞭子抽我身，
母亲只能泪淋淋，
共产党号召我们闹革命，
夺过鞭子揍敌人。

（三）

在新兵训练过程中，班长薛三元对雷锋的训练成绩是很满意的。但开始练习手榴弹掷远时，班长见他个子小，体质弱，未免有些担心，就安慰他说：

“雷锋同志，开始练投弹时，你可能有些困难，但遇到困难就说话，大家想办法帮你解决。”

“放心吧班长，我什么困难都不怕。”雷锋信心满满地回答。

几天后，雷锋在练习投弹时，怎么投都不及格。班长一再给予他指导，帮他纠正动作，雷锋也边琢磨边练习，可胳膊甩得生疼，就是达不到及格标准，急得雷锋满头大汗。

这天上午，雷锋练完投弹后回到宿舍，心里十分不安。他不断埋怨自己：

“连个手榴弹都投不及格，这怎么能保卫祖国呢？要是因此而拖累了全班的成绩，那就糟糕了！”

想到这些，雷锋吃完午饭后也没休息，拿起教练弹又跑到操场上继续练习。他暗暗鼓励自己：达不到要求，决不罢休！

一连几天，雷锋都在刻苦练习，胳膊甩得又肿又疼，可成绩不但没进步，反而还越投越近了。这让雷锋更加着急，觉也睡不好，饭也吃不好。这可怎么办呢？

这时，雷锋又开始学习毛主席的著作《愚公移山》，他在这篇文章的“注释”下方空白处写了这样一段话：

> 愚公能挖到两座大山，我也有恒心克服各种困难，学习军事技术和毛主席著作，把自己锻炼成为一个又红又专的共产主义革命战士，更好地为人民服务，为人类的解放事业——共产主义而贡献自己的一切。

一天晚上，新兵指导员将雷锋叫到连部。雷锋进门报告敬礼时，指导员发现他抬胳膊有些吃力，就关切地说：

“小雷，你是不是练得太猛了？”

“指导员，您放心吧，这点困难我是能克服的。”雷锋回答说。

“但也不能太急啊！”

指导员本来是打算找雷锋谈谈在军事训练中如何学习毛主席著作的问题，但见雷锋练习投弹过于疲劳，没有深谈下去，就鼓励了他一番，让他早点回去休息了。

回到宿舍后，雷锋的心情很不平静。他拿出日记本和钢笔，打开笔记，本来想写点什么，可当他看到自己贴在日记本上的那幅黄继光画像时，不由想起了黄继光用胸膛堵住敌人枪口的英雄事迹。这些英雄不怕牺牲、不畏艰险的革命精神鼓舞了他。

顿时，雷锋觉得自己浑身是劲，胳膊好像也不那么疼了。他一页一页地翻看着自己的日记，当翻到自己前不久从报纸上摘录的一段文字时，便轻声地读了起来：

……斗争最艰苦的时候，也就是胜利即将来临的时候，可也是最容易动摇的时候。因此，对每个人来说，这是个考验的关口。经得起考验，顺利地通过这一关，那就成了光荣的革命战士；经不起考验，通不过这一关，那就要成为可耻的逃兵。是光荣的战士，还是可耻的逃兵，那就要看人在困难面前有没有坚定不移的信念了。

……

困难里包含着胜利，失败里孕育着成功。革命战士之所以伟大，就是他们能够透过困难看到胜利，透过失败看到成功，因此他们即使遇到天大的困难，也不会畏怯逃避，碰到严重的失败，也不至气馁灰心，而永远是干劲十足，勇往直前，终于成为时代的闯将。

当翻到入伍第十天的日记时，雷锋又轻轻地念道：

雷锋同志，愿你做暴风雨中的松柏，不愿你做温室中的弱苗。

“说到就应该做到。”

雷锋合上日记本，悄悄地拿起一颗教练弹走了出去。

（四）

操场上覆盖着厚厚的冰雪，北风也呼呼地刮着。雷锋不管雪冷风寒，像一只小老虎一样，在操场上奔跑着。他知道，自己之所以投弹一直不及格，就是因为臂力不够。为了增加臂力，他不管投多远，只要教练弹一出手，他就马上追过去，拾起来再向回投。

投了一会儿教练弹后，雷锋又去练习单杠，增加臂力。一直练到浑身出汗，他才稍微休息一下，然后继续练习，直到熄灯号都吹响了，雷锋都没听见。

“雷锋！”忽然有人喊了一声，雷锋转身一看，原来是薛班长向他走过来。

薛班长关切地对雷锋说：

“你怎么能这样拼命地练呢！走，快睡觉去吧！”

说完，班长拿起教练弹，拉着雷锋就走。

“班长，您再让我练一会儿吧！”

“不行！哪能一口吃成胖子，一锹挖出一口井呢？要练习也必须匀着力量练。”

雷锋只好跟着班长回到宿舍，同志们都已经睡了。班长帮雷锋铺好被褥，催促他赶快躺下睡觉，并小声告诉他说：

“以后别忘了，听到熄灯号就睡觉，这是制度。”

雷锋点了点头，钻进了被窝。

然而身子刚一沾到床板，雷锋就感到自己身上的骨节像针扎一般地疼，一翻身就更疼了。但雷锋却暗暗对自己说：

“要练习杀敌的本领，不苦一点、痛一点，怎么能练得出来呢？”

随后，雷锋又开始翻来覆去地琢磨投弹的各个要领，想着想着就睡着了。一觉醒来，天还没亮，雷锋想到自己的投弹技术还没达标，便又悄悄爬了起来，向操场奔去……

由于雷锋的顽强意志和刻苦训练，十几天后，他的投弹成绩有了明显的提高，雷锋的信心也越来越足了。

终于，实弹投掷开始了。新战士们按照投弹要领，一个接一个地将手榴弹投向假设的敌人碉堡。

“雷锋就位！”指挥员发出了命令。

雷锋出列，站到投掷位置上。薛班长在一旁嘱咐雷锋要镇静沉着，不要慌，雷锋点了点头，拧开了手榴弹盖，然后将小铁环套在指头上，全身一跃，跳出了堑壕，冲过一段开阔地，猛地用力一甩。只听“轰”的一声，手榴弹在碉堡中开了花，雷锋得了个“优秀”。

领导和同志们见状，都为雷锋感到高兴，纷纷鼓起掌来。雷锋自己的心中更是喜滋滋的，他也亲身体会到了一个新兵在经过刻苦训练后所获得初步成绩的幸福。他觉得，自己没有辜负领导和战友们的帮助和期望。

同时，这次成功也让雷锋意识到，在革命战士面前，没有克服不了的困难。但他也清楚地知道，在保卫祖国的革命征程中，这还只是刚刚迈出的微小的第一步，以后还有更加艰巨的困难在等着他去勇敢克服。

在当天晚上的日记中，雷锋这样写道：

熟练手中武器，学好军事技术，时刻准备着，当党需要我，我一定挺身而出，不怕牺牲和一切困难，永远忠于党、忠于人民……

雷锋在部队期间，经常把自己的藏书拿出来供大家学习，因此也被人们称为“小小的雷锋图书馆”。他帮助战友学习知识，同班战友小乔文化程度低，雷锋就手把手地教他认字、学算术。同班战友小周父亲得了重病，雷锋知道后，就以小周的名义给他家里写了信，又一起寄去了10元钱。战友小韩在棉裤被硫酸水烧了几个洞，雷锋值班回来发现后，就将自己的帽子拆下来，然后一针一针地为小韩补好了棉裤。知道这个情况后，小乔对小韩说：“为了给你补裤子，雷锋半宿都没睡！”

第十章　苦学技术

谁要是游戏人生，他就一事无成；谁不能主宰自己，永远是一个奴隶。

——雷锋

（一）

1960年3月，新兵训练结束了。一天，领导正式宣布了新战士的分配名单，雷锋被分到运输连当上了汽车兵。

刚刚宣布完名单，雷锋就问新兵连指导员一个问题：

“指导员，当汽车兵能上前线吗？”

“上前线？”指导员看着雷锋那副严肃的表情，马上就猜透了他的心思，便笑着说：

“你在电影上看过志愿军在朝鲜战场上的情形吧——打起仗来，汽车兵当然也要上前线。”

雷锋这才笑着，使劲地点了点头。

“怎么样？当汽车兵还有意见没？”

“没意见。”雷锋说，“只要能够上前线，当什么兵都可以！”

“好！”指导员对雷锋的回答很满意。

第二天一大早，薛班长到连部参加了一个紧急会议，回来后，就叫大家马上打起背包，准备分头到各连去，说部队要去执行一项新任务，新兵要随连队一起出发。

雷锋热切地向往火热的战斗生活，因此一听说马上要随同运输连去执行一项新任务，十分兴奋，巴不得马上就驾驶着汽车到祖国最需要的地方去。

吃完早饭后，雷锋和分配到运输连的其他同志已经集合在一起，在薛班长的带领下，准备出发了。

这时，新兵连的通信员忽然跑来，通知雷锋马上到连部去一趟。

雷锋急急忙忙跑到连部，新兵连的指导员笑呵呵地看着雷锋，说：

“雷锋，上级要你去完成一项新的任务……”

“我已经知道了，”没等指导员把话说完，雷锋就抢着说，“咱们全团要去执行新任务，我马上就要跟薛班长到运输连去，随部队一起出发了。”

“你呀，”指导员笑着说，“你暂时不要去运输连了。刚才接到团部的电话，指名叫你去参加团里的战士业余演出队，今天就去报到。”

“啊？去演出当演员啊？”这个消息有些突然，雷锋感到很意外，“指导员，那参加了演出队，还能跟部队一起行动吗？”

“当然跟部队一起行动了。”指导员告诉雷锋，“这次部队是要到抚顺去参加一项重要的施工任务作业，你们暂时留下来排练节目，然后代表全团指战员为这里的群众进行几场慰问演出，再到抚顺为施工部队演出。怎么，你有意见？”

雷锋平时就很活跃，过去也搞过文艺宣传，但他没想到，在打好背包要到运输连去时，组织上竟让自己留下来参加演出队，这实在太突然了。

但雷锋马上又想到，搞文艺宣传一样也是党的一项重要任务，因此他十分爽快地回答说：

“既然是组织上的决定，我绝对服从！”

事实上，战士业余演出队就是个临时拼凑起来的班子，人少，但节目多，要组织一台节目，每个人都要担当好几个角色。团俱乐部主任为了发挥大家的积极性和创造性，就鼓励大家根据自己的特长自报自选，能演什么就演什么。

雷锋可起劲儿了，他不仅报了好几首朗诵诗，还报了三四个快板、说唱节目等。团俱乐部主任又高兴又担心，就问雷锋：

“你演这么多节目，能背下台词吗？”

“没问题！”雷锋非常自信。

为了演好节目，雷锋拿到脚本后，就开始起早贪黑地背台词、学动作，有时忙得连饭都顾不上吃，很快就把台词背熟了。

可是，当大家一起合练时，问题出现了：由于雷锋的湖南口音太重，与大家一起演练时音调很不和谐，而且也担心观众听不懂。大家都很着急，这可怎么办？

为了不影响整个团体的演出，雷锋下定决心练习普通话。于是，他找了一位普通话说得很好的同志当老师，跟着一字一句地学起了普通话。练习一段时间后，雷锋的口音有了很大改进。但一到正式排练时，他的口音还是不能令人满意。

演出的日子越来越近了，为了不影响演出效果，领导决定把雷锋换下来。但雷锋的排练积极性那么高，万一不让他演出了，领导又担心会挫伤他的自尊心。

谁想雷锋听领导一说，他马上进行了自我批评：

“我没能完成领导交给我的任务，只想单凭热情工作，没考虑到口音问题，结果给领导和组织带来了麻烦。”

接着，他又爽朗地说：

“换我下来，是为了更好地把节目演好，完成领导交付的任务，做好党的宣传工作，我完全同意。请领导把我的角色分派给别人吧。”

雷锋虽然没有了演出任务，但他却自动找了一个新任务——担任演出队的公务员。为了保证大家能集中精力排练节目，他将演出队的勤杂工作包了下来。没有专人烧水，他就在墙角用砖头搭建一个小炉灶烧水；水烧开后，他又一碗一碗地端给同志们。每次排练完毕，他都争抢着打扫排练场，再把道具一件一件地收拾好……

（二）

在演出队，雷锋生活了近两个月。虽然他没有参加演出，但他却为演出做了有力的支持。在繁忙的工作中，他还坚持如饥似渴地学习毛主席著作。

就在这短短的两个月时间里，雷锋读完了《毛泽东选集》的第三卷，还认真地写了一些读书笔记。在读完《纪念白求恩》一文后，雷锋这样描述了自己的学习心情：

> 我决心听毛主席的话，……事事大公无私，处处从党和人民的利益出发，全心全意为人民服务，决不让一点肮脏的个人利益、低级趣味的东西来玷污自己。向白求恩学习，做一个毫不利己、专门利人的人，为共产主义奋斗终身。

4月，雷锋随同演出队来到抚顺，组织上安排他返回了运输连。当演出队为施工队和工人同志们演出时，虽然雷锋没有上台，但大家都知道，台上表演的每一个节目中，都包含了雷锋同志的辛勤汗水和他那处处为革命着想的高尚精神。

回到运输连后，雷锋非常高兴，随后他被分配到新兵训练排开始学习开汽车。由于是新兵训练排，其中有不少都是雷锋熟识的战友。他们见雷锋回来了，立刻围了上来。

“雷锋，你怎么才回来？我们都已经学习一个多月了。”

“是啊，现在汽车理论课我们差不多都学完了，马上就要开始学习实际驾驶了。”

雷锋一听，可坐不住了，他三步并作两步地跑到三排排长兼汽车教员面前，焦急地说：

“排长，我还能赶上被落下的课程吗？您可得赶紧帮助我啊！”

三排长笑了笑，递给雷锋一本《汽车驾驶》的课本，安慰他说：

“你下连晚了，抓紧学习吧。着急是没用的，反正一时也上不了工地，晚几天也不碍事。”

“啊？晚几天？那怎么能行呢？我可不想拖连队的后腿。”

一想到一排、二排的老同志夜以继日地为工地载运各种建筑材料，雷锋恨不得马上就能开着汽车，像老同志那样，为支援国家工业建设贡献出自己的力量。现在让他比别人晚去工地，他怎么能甘心呢？

如何才能赶上被落下的课程，这是摆在雷锋面前的一个严峻问题。尽管雷锋曾经开过拖拉机、推土机，但时间都不长，而且汽车与拖拉机、推土机毕竟有很多的不同。

为了能够尽快熟悉汽车的原理、构造和特点，雷锋将汽车的构造、各种机件的性能及操作方法等，都系统地与拖拉机、推土机作了比较，找出了它们之间的不同点。当车场上一有空车，他就立刻拿着笔记本爬到车上、钻到车下，对照实物一件件地观察、熟悉、掌握。很快，雷锋就从理论上将汽车的原理、构造和汽车的特点都摸清了。

驾驶理论学完后，就该学原地驾驶了。但这时又出现了一个问题：连里的运输任务重，分配给新兵的教练车只有一辆，每次也只能一个人练习，这让新兵连的战士们急得团团转。

一个战士说：

“没有教练车，我们怎么能争取早日上工地呢？”

另一个战士听罢，出主意说：

“干脆我们向排长提议，再从工地上调一辆车回来，你们觉得怎么样？”

雷锋听了，摇摇头说：

“现在工地运输任务重，这样会影响运输任务的。”

“那怎么办？真恨不得能造出一辆车来！”

战士们议论纷纷，但都没有想出能解决问题的方法。

这时，新战士小韩想到了一件事：

“雷锋，你看六班做的那个汽车模型怎么样？”

其他战士一听，都说：

“模型能有什么用啊？也不是真车，像玩具似的。”

“汽车模型？”雷锋没有急着发表自己的意见，而是想了想，然后立即明白了小韩的意思，便高兴地说：

“你是说他们能做个汽车模型，咱们不就能做个汽车教练台吗？”

“对啊，对啊！”大家一听，顿时来了劲头。

大家找到排长，在排长的帮助下，画了一张汽车教练台的设计图，又按照设计图需要找来了一些废旧用品。大家一起动手，叮叮当当一阵忙活，很快就造出了一个汽车教练台。

在安装方向盘时，细心的雷锋又找来砂纸，将方向盘擦了又擦，然后又涂上黑漆，简直跟真的一样。

“雷锋，这又不是真的汽车教练台，你把它弄得这么漂亮干嘛？”小韩对雷锋的行为有些不解。

“汽车开得好坏，全靠掌握方向盘，方向盘就是汽车生命的旋钮啊！”雷锋回答说。

小韩连连点头，说：

“雷锋，你可真是细心！”

（三）

教练台做好了，就放在宿舍的门口，战友们都对这个汽车教练台产生了很大的兴趣，这个过去摸摸，那个上去练练，纷纷说跟坐在教练车上学习原地驾驶没什么两样。

为了尽快掌握驾驶技术，雷锋也抓紧一切时间，坐在教练台上反复练习，踩油门，踏离合器，挂档，掌握方向盘，那认真的架势，好像真的把汽车开动了一样。晚上躺在床上睡觉，他都在回忆白天练习时的感觉，有时手脚还在被窝中配合着做起动作来。

经过一段时间废寝忘食的练习，雷锋终于把落下的课程赶上了，还在排里的技术学习上成了标兵。新兵排的战士们都说他为革命钻研技术有股牛劲儿，一致推举他担任技术学习的小组长。

无论是受到批评，还是受到表扬，对雷锋来说都是一种巨大的动力，让他的学习劲头更足。他没有满足于自己现有的本领，而是将这当成自己继续努力的动力，就像是给汽车加满了油一样，干劲十足。

在初步掌握了原地驾驶技术之后，雷锋又马上与战友们一起学习行车驾驶了。当雷锋第一次将教练车开到路上进行短途驾驶时，他的心里既激动又高兴，同时还有些紧张。排长就坐在他的旁边指导他，他双手紧握方向盘，目视前方，心底暗暗鼓励自己：不能慌，要沉着前进。此时，他真恨不得马上奔到热火朝天的工地上去。

为了钻研技术，雷锋可谓一丝不苟，精益求精。每次开车出去，他总是不断征求助手的意见，问车子的行驶过程中有什么缺点。有时乘坐公共汽车出去办事，车上有座位他也不坐，而是站在司机身后，细心地观察在遇到各种情况时司机如何操作。

有一次，雷锋乘坐兄弟部队的卡车回驻地，途中发觉卡车忽然自动减速了。他急忙透过驾驶室的后窗向里看，只见司机拉了一下阻风，做了一个上坡时才用的动作。

车停止后，雷锋马上请教司机刚刚为什么要做这个动作？司机告诉雷锋，拉阻风是想判断自动减速的故障是出在油路上，还是出在电路上，这也是判断故障的一个简便方法。

雷锋觉得这个方法很好，回到班里后就告诉了战友，并在实际操作中进行了试验，证明这确实是个好方法。

这件小事也让雷锋认识到：一个好的汽车兵，同时也应该是一个好的汽车修理工。因此，在此后的行车过程中，他总是叫助手给他假设情况出难题，以锻炼自己排除故障的本领。

还有一次，在出车前，雷锋和战友小韩检查车辆时，发现一个豆粒一般大小的火花塞帽不见了，找了半天也没找到。

小韩急着要出车，就找来一个新的递给雷锋说：

“快把它换上吧，我们还要赶紧出车呢！”

但雷锋却说：

“任务急也不能出车，这样马马虎虎地把车开出去，是不负责任的

表现。如果它掉到气缸里了，肯定要出事故，这会令国家受到很大损失的！”

见雷锋这样坚决，小韩也不再争执，而是帮雷锋一起拆开车辆的机件，仔细检查起来。果然不出雷锋所料，火花塞帽的确掉到了汽油缸里。小韩伸了伸舌头，心想：

“要不是雷锋坚持要找到火花塞帽，今天我们可能真的会出事故了……”

转眼间，一个月的时间过去了，经过系统的考核，雷锋正式成为一名合格的汽车兵。根据命令，雷锋告别了新兵训练排的战友，来到二排四班。当排长将一台13号军用卡车交给他和一同分来的小韩时，雷锋激动得简直不知说什么好。他双手摸着这辆车，真怀疑自己是在做梦一样。

第二天，雷锋便跟随老同志一块上了工地。当他运载着第一车水泥来到工地时，宏伟的建筑工程已经打好地基，开始砌砖了。

“我来晚了。”雷锋跟工地上的同志们打招呼说。

“怎么晚了呢，你是后来居上啊！”望着眼前这位最晚接受驾驶训练，又最早来到战斗班的朴实、谦虚、好学的战友，四班的同志们都十分佩服。

一天放晚学时，已经打过放学铃了，雷锋还有一道算术题没做出来，坐在那里继续计算着。有个同学招呼他说："走吧，习题没做完，回去再做吧！"雷锋说："就剩这一道题了，我总做不对。"那个同学过来看了看，说："这道题我做好了，你拿去看看吧。"说着，他就从书包里拿出作业本递了过去。但雷锋却笑笑说："谢谢你，让我自己再想一想吧。"

雷锋静下心来，仔细回想老师的讲解，终于把题做出来了。他又叫过那个同学过来对了一下，结果发现两个人得出的算数结果不一样。那个同学见状，就说："那我借你的抄一下吧。""不，"雷锋说，"你应该自己再做做看，自己多花些心思，以后做起算术题来就不费劲了。"那同学便坐下又重做了一遍，原来是运算中粗心，得数错了。两人都算好后，才开心地收拾好书包，一起离开了学校。

第十一章　不怕苦累

我们是国家的主人，应该处处为国家着想。

——雷锋

（一）

有一天，在看电影的时候，开演之前，有个小学生发现前排座位上有一位解放军叔叔，正在聚精会神地看一本厚厚的书。他向前凑了凑，想看看叔叔在看什么书，能这样入迷。他探过头去，发现是一本《毛泽东选集》。他再看看读书的人，惊喜地叫了出来：

“这不是雷锋叔叔吗？这么一点时间，你还要看书啊！”

雷锋抬头一看，原来是个小学生，就笑着说：

“时间少吗？我都已经看了三四页了。时间虽然少，但看一页是一页啊，积少成多嘛！学习不抓紧时间可不行啊！”

接着，雷锋又问小学生：

“你对学习抓得紧吗？”

“不紧。”小学生有些不好意思地说。

“这可不行。”雷锋亲切地说，“你们能在学校里学习，真是太幸福了！你们应该抓紧时间好好学习，将来为祖国建设作出贡献。当然，也不是说所有的时间都来看书，但到了学习的时候，就一定要认真地学。否则，时间不是白白浪费了吗？”

雷锋就是这样抓紧一切时间来学习。在鞍钢当推土机手时，他就经常抓紧时间认真读书；到了矿山焦化厂工作后，在寒夜里仍然坚持读书；入伍后，他更进一步发扬了刻苦读书的精神。他在日记中写道：

我要时刻牢记着马克思的教导：“不学无术在任何时候，对任何人，都无所帮助，也不会带来利益。”

雷锋是个汽车兵，在紧张的施工过程中，他每天都驾驶着汽车夜以继日地东奔西跑，任务十分繁重，很难抽出整块的时间来学习。为了能时刻学习，雷锋将毛主席的著作装入自己的挎包中，随车带在身上。车子一停下来，只要没有其他工作，他就坐在驾驶室里埋头读书。

对于晚上的时间，雷锋也十分珍惜。每天晚饭后，他除了参加组织活动外，其余时间一般都用来读书。有时感到时间不够，他就在熄灯后再到外面读一会儿。车场工具棚、厨房、司务长宿舍等，都成了他学习的地方，有时甚至到连部办公室去学习。在那里，他常常一坐就是大半夜。

一天，夜已经很深了，指导员从营部开会回来，见雷锋还坐在灯光下看书，就催促他说：

“雷锋，抓紧时间学习是好事，但也要注意休息。现在都半夜了，你还不去睡觉！”

雷锋抬起头，看了看指导员，想到指导员忙活一天了，也该休息了，这才合上书本走了出去。

指导员上床后很快就睡着了，一觉醒来，发现雷锋仍然坐在原来的位子上，专心致志地看着书。

指导员不忍心打扰雷锋，但又怕他熬坏了身体，就轻轻起身披上衣服，走到雷锋身后，见雷锋正拿着笔，边看书边写学习心得。

这时，雷锋发现指导员站在自己身后，忙站起来说：

“指导员，我影响您休息了。”

指导员笑着说：

“没有。”

指导员又关切地让雷锋坐在椅子上，顺手从他的挎包中拿出雷锋读的书翻看着，只见书中用红笔划了许多画线，还在书的空白处写了不少读书心得。

在毛主席的《整顿党的作风》一文中，雷锋重点划下了这样一段话：

对于马克思主义的理论，要能够精通它、应用它，精通的目的全在于应用。

在这段话的下面，雷锋写道：

坚决听毛主席的话，努力学习马克思主义的理论，并做到理论联系实际，改造思想，做好各种工作。

在毛主席的《在晋绥干部会议上的讲话》一文的空白处，雷锋写道：

坚决执行党的路线、政策，才能坚持正确的方向，做好工作。

在读了毛主席的《中国社会各阶级的分析》后，雷锋写道：

拿目前来说，我国虽然已经是社会主义社会，但在国际上还有帝国主义存在，在国内还有阶级斗争存在的时候，阶级分析这个马克思列宁主义的斗争武器，是决不会过时。我们每一个革命同志，必须认真用它来武装自己的头脑，做一个真正自觉的无产阶级革命战士。

指导员翻看了雷锋的这些读书心得，从内心深处觉得雷锋的这种刻苦学习的精神是十分可贵的。他想，应该在全连提倡雷锋的这种学习精神。

（二）

雷锋充满了旺盛的精力，仿佛不知道什么叫辛苦、什么叫劳累，一天到晚都在勤勤恳恳地工作和学习着。他把能为党、能为人民多做一些工作看成是自己最大的快乐和幸福。

1960年夏季的一个星期天，连队休息，大家有的上街买书，有的在家读书、写信、换洗衣服……这时，雷锋忽然感觉肚子有些不舒服，便趴在床上休息了一下，想挺一阵就好了。

但雷锋又一想，明天还要出车，这样疼着可不行。于是，他赶紧爬起来跑到卫生连。值班的医生给他检查了一下病情，开了些药，对雷锋说：

“你是夜里着凉了，回去用热水袋暖暖肚子，好好休息一下就没事儿了。”

雷锋点点头，拿着药便往回走。在路过抚顺市第二建筑公司本溪路的小学建筑工地时，工地上那热闹的场景，那“鼓足干劲，力争上游，多快好省地建设社会主义”的醒目标语，一下子就把雷锋吸引住了。他心中赞叹道：

“真了不起啊！不久以前，这里还是一片煤砟子地呢，现在就要盖起高楼大厦了！我们国家到处都是这个样子啊！”

雷锋正看得出神，忽然听到广播的喇叭里传来了一个女同志清亮的声音：

“砌砖的同志大显身手，以每小时砌砖1200块的速度，打破了以往的记录！运砖的同志们，加油啊！……”

雷锋见远砖的两人一辆小车，一个拉，一个推，个个都跑得飞快，还是供不上砌砖的需要。这时，他也顾不上肚子疼了，忙跑到堆砖场，推起一辆小车，装了满满一车砖，然后一溜小跑地干了起来。

周围的几个工人看见了，都好奇地问雷锋：

“同志，谁叫你十活的？”

雷锋边干活，边笑呵呵地说：

“是你们的干劲儿吸引我来的！”

“我们？……”

“是啊。你们为了多快好省地建设社会主义，干得热火朝天，今天我刚好休息……”

说完，他又推着小车送砖去了。

当听说盖这幢楼房是为了开办一所小学时，雷锋不由得想起了祖国儿童们的幸福生活，想起了自己在党的阳光雨露下长大成人的过程，干劲儿更足了！

雷锋一鼓作气地推了十几车砖，衣服全都被汗浸透了。工地上的人很奇怪：这是从哪里来的解放军战士，干得这么起劲？有的甚至竖起大拇指说：

“解放军同志真是干啥都是好样的！”

有位工人见雷锋累得满头大汗，便端来一碗水，对雷锋说：

“同志，快喝碗水，休息一下吧。”

雷锋接过碗，一饮而尽，然后用手背抹抹嘴，笑着说：

“谢谢你，我不累。”

说完，他又推着小车拉砖去了。

运砖的小车你来我往，大家越干越起劲儿，整个工地都是一片你追我赶的劳动热潮，运砖供不应求的情况很快得到了改变。

当雷锋刚刚又装好一车砖准备运走时，忽然工地的女广播员跑来问道：

“同志，你叫什么名字？是哪个部队的？”

雷锋抬起头，抹了把汗，问：

“你问这个干什么？”

“你给我们的工人带来了很大的鼓舞，大家都要求我写篇稿子表扬你呢！”

“这没啥可表扬的！今天我休息，就到这里干点活，这也是应该的嘛！”说完，雷锋推起车就走了。

女广播员见状，在雷锋身后喊道：

“同志，如果你的名字不保密……“

雷锋推着车向卷扬机那边跑去，心中暗想：

“我的名字还真应该向你保密！”

工地上热火朝天的劳动竞赛加快了工程的进度，一上午就超额完成了任务。中午休息时，雷锋擦擦汗，拿起衣服就准备返回连队。工友们见状，一下子把他围了起来，这个与他握手，那个向他致谢。建筑工区的团总支书记也过来了，拉着雷锋的手，热情地说：

“同志，你来我们这里劳动，给我们的鼓舞可不小啊！”

雷锋谦虚地说：

“可不要这样说，大家都是在为社会主义建设添砖加瓦。我和大家一样，只是尽了一点自己的义务而已，也算是‘有一分热发一分光’吧。”

这时，那位女播音员在旁边插嘴道：

“可是你干了半天活，我们还都不知道你叫什么名字呢！”

大家一听，纷纷问雷锋的名字。雷锋急忙想走，女播音员又拦住了他，郑重其事地说：

“同志，这是领导交给我的任务，不说出你的名字，就不能让你走。再说了，广播你的事迹，也不能只看成是对你的表扬，这对我们今后的工作也是个极大的推动啊！”

雷锋见实在没办法，只好很不情愿地说出了自己的名字。在离开工地的路上，雷锋远远地听到广播员正用清脆的声音播放着：

“……向雷锋同志学习！向雷锋同志学习！”

雷锋想：

“我只不过干了这一点活，有什么可学习的啊！应该向那些工人老大哥学习……”

回到连队后，战友们都问雷锋去哪里了，一上午都不见？

“我去了一趟卫生连。”说着，雷锋从衣服口袋里把药掏了出来。但是，参加了一上午的劳动，出了一身汗，雷锋的肚子反而不疼了！

班长听说雷锋病了，去卫生连拿了药，忙过来看望他，并劝他好好休息，晚上出车就不要去了。雷锋一听当天夜里要出车执行任务，他那股永远都使不完的精神劲儿更足了。他匆匆地吃完药，便拉着助手一起跑到车场去维修车辆了。

这天下午，第二建筑公司工区党总支部组织了一些工人，敲锣打鼓地来到运输连。连长、指导员都非常奇怪，等看到了工人同志们用大红纸写的感谢信，才知道雷锋原来上午带病去工地干活了。

（三）

一天，雷锋的连队组织大家上山割草，准备修建菜窖。吃完早饭后，大家还要准备一盒米饭带着，中午在山上吃。当时国家正处于困难时期，部队的粮食也不充足，因此运输连的一日三餐都用饭盒盛饭，都有定量。

在吃早饭时，战士小王吃了三个馒头，但还是觉得没吃饱，就把准备带到山上的中午饭也吃了。他想：反正都是吃到肚子里了，早上吃中午吃都一个样。

随后，战士们一起上了山，撸草籽，打草，一个个干得十分起劲。中午休息时，大家都打开饭盒，准备吃午饭，只有小王一个人蹲在一旁。

雷锋看到了，很奇怪，心想：小王是不是忘记带饭了？

于是，他就端着自己的饭盒来到小王跟前，把自己的饭盒递给小王：

“小王，你吃我的这盒吧！”

小王看了看雷锋递过来的饭盒，忙说：

“不用，不用了。”

“吃吧，不要客气。”雷锋把饭盒塞到小王手中，“吃饱了好干活。”

“我把你的饭吃了，你吃什么？”

“我今天有些胃疼，吃不下饭，你就帮我吃了吧！”雷锋说完，假装胃疼地捂着肚子离开了。

小王端着饭盒，看着雷锋的背影，十分感动。

在当天的日记中，雷锋这样写道：

……我虽然有些饿，但让他吃饱，这是我最大的快乐。我要牢牢记住这段名言：对待同志，要像春天般的温暖；对待工作，要像夏天一样的火热；对待个人主义，要像秋风扫落叶一样；对待敌人，要像严冬一样残酷无情。

一天傍晚，战士们正聚在一起研究汽车驾驶技术，忽然，有人发现西北方向有一栋房子的房顶上冒出了一股黑烟，随后又窜出了火苗。

雷锋一看，忙大声喊道：

“不好了，工厂着火了！大家快去救火！”

说着，他丢下手中的课本，第一个向着火的地方奔去。

跑到现场，雷锋问明情况后，立即就同工厂的同志们一起救火。他先向火苗上浇了几桶水，但火势不但没有减小，反而越来越大，甚至已经烧到了屋脊上。

雷锋马上丢下水桶，转身拿起一把大扫帚，一头冲入浓烟烈火中。他爬到屋顶，挥起扫帚，拼命地扑打着火苗。

“雷锋，快下来，房子要塌了！”下面的战士见雷锋在屋顶上，都着急地喊了起来。

雷锋犹豫了一下，但眼见火势越来越猛，他想：说什么也不能让国家的财产受到损失。于是，他继续在房顶上扑打火苗。直到消防队赶到，雷锋才从屋顶上跳下来。

但雷锋并没有去休息，而是继续与消防人员一起灭火。他的鞋子被烧着了，衣服被烧破了，手臂也被烧伤了，但却毫不在意。直到协助消防人员将大火扑灭，他才长长地出了一口气，停了下来。

战士们望着雷锋，都笑着说：

“雷锋，快看看，你的眉毛都被大火烧没啦！”

雷锋摸了一把自己的脸，憨憨地笑了。只要能够扑灭大火，让国家财产不因此而受到损失，雷锋觉得就是牺牲生命，都是值得的！

在军事训练期间，干部战士的工作、学习都非常忙，有些人连上街理发的时间都没有。根据这一情况，连队给大家购买了三套理发工具，要大家自己互相理发，可却没人会用。雷锋见状，就利用业余时间，跑到附近的一个理发店请教，在理发师傅的帮助下，学会了基本的理发操作方法。第一次给战友小刘理发时，雷锋感到手不随心，推剪时常常夹住头发，疼得小刘直咧嘴，还没理一半，小刘就说什么都不肯剪了。但雷锋并没灰心，他利用午休时间，继续到附近的理发店请教，最终终于学会了理发。一到星期天或节假日，雷锋就忙活开了，战友们都愿意找他理发，就连以前不用雷锋理发的小刘也主动来找雷锋理发了。雷锋逗他说："小刘，我可是半个头的理发员哪！"小刘笑了笑说："今天请你理一半，明天再请你理一半。"

第十二章　抗洪斗争

凡是脑子里只有人民、没有自己的人，就一定能得到崇高的荣誉和威信。反之，如果脑子里只有个人、没有人民的人，他们迟早会被人民唾弃。

——雷锋

（一）

1960年8月，抚顺地区天气骤变，连续几天都是暴雨倾盆，辽东半岛洪水成灾。

洪水越来越猛，淹没了庄稼，淹没了公路，淹没了洼地的房屋。因为洪水，部队的建筑工程也不得不暂时停工，运输连的几辆汽车正在集结待命。

“紧急动员起来，保卫煤都，保卫人民生命财产的安全！”

8月3日，运输连接到了抗洪抢险的命令。

几天来，广播中关于暴雨洪水的报道时刻都在牵动着雷锋的心。前几天，他收到了焦化厂一位战友的来信，称太子河已经泛滥成灾，辽阳地区人民的生命财产受到了严重的威胁，广大人民群众正在奋力抢险……

洪灾的形势日渐严重，雷锋十分着急。他一刻不停地忙着做好各项准备工作，就像一支蓄势待发的箭，只要接到命令，他马上奔赴前线，抗洪救灾，保卫国家和人民的生命和财产安全。

但是，雷锋那几天刚好拉肚子，身体比较虚弱。就在雷锋的身体还未康复时，运输连接到了上级命令，命令运输连前往抚顺郊外的上寺水库去参加抗洪抢险。考虑到雷锋的身体情况，连长在集合队伍分配完任务后，便命令雷锋留在连里执勤。

然而连长的命令刚传达完，雷锋就跑到连部找到连长，急切地说；

“连长，现在洪水正威胁着人民的生命财产，在这个时候，您怎么能把我留在连里呢？”

连长关心地说：

“你的身体不好，领导说要照顾。”

“这点病算不了什么，请领导不要照顾我。现在，洪水就是我们的敌人，上寺水库就是我们的战场，这种时候我怎么能留在连里呢？我坚决要求与部队一起去抗洪抢险！”

雷锋的要求让连长有些为难，他只好对雷锋说：

“你先回去吧，我们再考虑一下。”

经过研究，连里同意了雷锋去参加抗洪斗争的要求。

此时，上寺水库的抗洪战场上，成千上万的工农兵群众正在与洪水进行猛烈搏斗。他们汇成了一支强大的抗洪大军，正在加固大坝，抵抗洪水。这天晚上，电闪雷鸣，大雨滂沱，水库中的水不断上涨，呼啸着朝向大坝冲来，眼看就要漫过大坝了。

情况十分紧急，市委防汛指挥部决定马上开掘溢洪道，宁可淹没一些庄稼，也要保住煤部。市委将这个艰巨的任务交给了解放军，雷锋和战友们接到命令后，连夜奋战起来。

来到战场上，雷锋顿时忘记了自己的病痛，与战友们一起顶着暴风雨，趟着过膝深的稀泥，奋力干了起来。雷锋恨不得一铁锹就挖开溢洪道，保住水库大坝，保住人民的财产安全。他挥舞着铁锹，挖着挖着，突然“哗”的一声，一大片红色的黏土被洪水冲了下来。雷锋措手不及，手中的铁锹也被冲丢了。

但是，雷锋没有就此停下来，他马上蹲下来，用手猛力地挖着，挖一块就向上面甩一块，有时甩不上去，泥坨子就会掉下里打在身上，弄得他浑身上下全是泥水，但他却毫不在意。

雷锋一口气干了很长时间，才感觉手指火辣辣地疼。他直起腰，跑到微弱的灯光下一看，原来手指都被划破了，还流着血。身边的一个同志见了，忙叫雷锋去找卫生员包扎一下，但雷锋却不肯去。他觉得情况太紧急了，开掘溢流刻不容缓，这点伤决不能下火线！

雷锋继续弯下腰，又开始用手挖泥，而且还边挖边唱了起来：

“我是一个兵，来自老百姓……”

雷锋刚刚开头，众人便跟着应和起来。溢洪道中的歌声，淹没了风声和雨声，久久回荡。

雷锋正干得起劲，忽然连长招手喊他：

“雷锋！”

“到！”

“你马上到广播站去，把我们连的好人好事宣传一下。”

“是。”

雷锋转身奔向大坝，穿过熙熙攘攘的抗洪人流，向广播站跑去。半路上，他看到一个同志没穿雨衣，浑身上下都被淋透了，冷得直哆嗦。雷锋立即脱下自己的雨衣，披着那位同志的身上。

那人刚一转身，雷锋早已钻入人流中，找不到了。不一会儿，广播喇叭里便传来了雷锋的声音：

“同志们，听我言，英雄好汉出在运输连……”

他出口成章，把本连的好人好事编成了快板，传遍了上寺水库。他的声音也在狂风暴雨中铿锵作响，激励着奋战中的抗洪大军。

（二）

雷锋走出广播站时，雨下得更大了。他只穿了一件背心，冻得发抖。但他毫不在乎，到工具棚找器材员领了一把铁锹，又跑回溢洪道，和大家一起干了起来。

天快亮了，远处还不断传来沉闷的雷声，翻滚的乌云像来势汹涌的海潮一般，将刚刚露出的一线晴天给遮住了。

当部队换班休息时，雷锋由于身体虚弱，过度劳累，突然感到有些支撑不住了。战友们急忙扶住他，可他还一再说：

“不要紧，不要紧……”

李连长急忙找来卫生员，吩咐说：

“你赶紧把雷锋扶到老乡家中，让他好好休息一下，今天不能再让他干活了。”

卫生员扶着雷锋进了村，来到一户老乡家中。这一家人都在大坝上抢险，家里只留下一位老人照看着。

老人热情地照应着雷锋躺在热炕上，卫生员帮他包扎了手上的伤，又给他吃了药。雷锋躺了一上午，出了一身汗，觉得身上轻松了一些。

这时，他听到窗外暴风雨中又响起了换班的哨声，便再也躺不住了。他猛地爬起来，掀开被子就要下地。

卫生员急忙拦住雷锋，说道：

“雷锋同志，你现在有病，我不能让你走。这是我的责任，也是连长交给我的任务。”

雷锋实在没办法，只要又躺下休息。外面的大雨点正像冰雹一样，拍打着窗户上的玻璃，同时也拍打在雷锋那焦虑的心上。他暗自抱怨自己：

“雷锋啊，雷锋！百年不遇的大洪水正在威胁着千百万人民群众的生命财产，你怎么偏偏在这个时候病倒了呢？……”

又躺了一会儿，雷锋实在是躺不住了。他起身拉住卫生员的手，问道：

“卫生员同志，你说这洪水现在是不是我们的敌人？”

“是。”卫生员回答说。

“你说，黄继光在朝鲜战场上，为了祖国和朝鲜人民，他甘愿用自己的胸膛去堵住敌人的枪口，赢得了战斗的胜利，我们是不是应该向他学习呢？”雷锋又问。

“对。”卫生员被雷锋的话深深地感动了。

“既然这样，那你说，我现在怎么能因为这点小病就躺在这里不动呢？”

“这……”卫生员有些犹豫了。

趁着卫生员犹豫之机，雷锋起身从炕上跳了下来，抓起一件雨衣，又顶风冒雨奔向了溢洪道……

经过七天七夜的连续奋战，咆哮肆虐的洪水终于在英雄的人民、英雄的战士面前屈服了。在这次抗洪斗争中，雷锋所表现出来的那种不畏艰险、不怕困难、为人民利益而奋不顾身的革命精神，受到了战友们的热烈赞扬，并受到了团党委的奖励。事实证明，雷锋同志是经得起暴风雨洗礼的松柏，团党委因此还为他记了一次二等功。

一次，雷锋把捡来的牙膏皮卖了二元六角钱，他利用这些钱买了一打笔记本，亲自送给小学的少先队员们，并勉励他们说："你们要刻苦努力，每个人都要争当三好学生生。"

第十三章　节约标兵

钉子有两个长处：一个是挤劲，一个是钻劲。我们在学习上，也要提倡这种“钉子”精神，善于“挤”和善于“钻”。

——雷锋

（一）

1960年的八九月间，团政治处连续收到了两封表扬雷锋的地方信件，一封是抚顺望花区和平人民公社寄来的，另一封是中共辽阳市委寄来的。

和平人民公社的信是感谢雷锋支援他们100元钱的事，信中写道：

……雷锋同志热爱人民公社的一片心，使我们全体干部、社员受到了极大的鼓舞，给我们增添了克服困难的力量。当我们展望未来宏伟远景的时候，就自然而然地联想起人民的子弟兵解放军，我们深信像雷锋这样的战士是很多很多的。

中共辽阳市委的来信，是热情赞扬了雷锋为灾区人民寄去100元钱的深情厚谊。信是这样写的：

党和毛主席十分关心灾区人民，已经派飞机运送物资去支援了。灾区人民有信心战胜灾荒，克服暂时困难。……希望雷锋同志继续保持艰苦奋斗的革命精神，在保卫社会主义祖国的伟大斗争中做出新的贡献。

同时，随信还将雷锋寄去的100元钱也寄了回来。

这两封表扬信对政治处的同志教育很大，他们立即向团党委作了汇报。大家认为：在连队深入进行社会主义教育的时候，出现了雷锋支援人民公社、支援灾区人民的动人事迹，并非偶然现象。它生动地说明了我们的军队永远和人民心连心，说明雷锋同志以自己的模范行动，在认真实践我军全心全意为人民服务的建军宗旨。

为了进一步了解雷锋的先进事迹，政治处还派了一名干事来到运输连。

经了解，事情的经过是这样的：

不久前的一个下午，抚顺市望花区人民群众敲锣打鼓，热烈庆祝城市人民公社的建立。雷锋在上街办事时，正好看到了这个欢欣鼓舞的场面，心头的喜悦是难以形容的。他想：作为一个解放军战士，自己应该为刚刚建立的新公社做点什么。

他左思右想，脑子里闪现出一个捐款的念头。于是，雷锋立即挤出人群，来到了附近的一个储蓄所。

一直以来，雷锋每个月都会来存一次钱，储蓄所的同志都认识他了。一见他来，储蓄所同志立刻热情地问：

“雷锋同志又来存钱啦？”

雷锋笑着说：

“不是存钱，这次我是来取钱的。”

“要取多少呢？”

“麻烦您看我存了多少钱了？”

储蓄员翻看着雷锋的账页，回答说：

“203元了。”

“那就给我取200吧。”雷锋不假思索地说。

储蓄员一听他要取这么多，心里有些纳闷：一个战士，为什么一下子要取这么多钱出去呢？因此便顺口问了一句：

“一定是家里有什么急事，要用钱吧？”

“家里……对，对，是家里等着急用！”雷锋立即回答说。

雷锋取出了自己在工厂和部队常年累月积存下来的200元钱，然后一阵风似地跑到望花区和平人民公社，找到公社党委办公室的一位同志，将200元钱全部递过去，说：

“这是我对望花区人民的一点心意，请你们收下吧！”

公社党委办公室的同志见一个普通的战士捐出这么多钱，都十分感动：

“同志，这怎么好……你热爱公社的一片心意我们收下了，但钱我们不能收，还是留着你自己用，或者寄回家里吧。”

“家？”雷锋对这个字的感触不同常人啊！他激动而恳切地说：

“人民公社就是我的家啊！我这钱就是留给家里用的。如果我的父母还活着，我相信，他们一定不会拒绝儿子给的钱……”

接着，雷锋又述说了自己童年时期的苦难生活，最后又说：

“我在苦里生，甜里长，是党和人民给了我一切，我也要把自己的一切都献给党和人民的事业。这钱是人民给我的，现在我就让它为人民的事业发挥一点作用吧！”

雷锋一再要求捐出200元钱，公社仍然不肯收下，直到雷锋说得眼泪都流下来了，公社的同志才答应收下一半。这100元钱虽然不是很大的数字，但它却成为和平区人民公社全体社员的一笔宝贵的精神财富。

（二）

雷锋给和平区人民公社捐款后不久，就在报纸上看到了这样一条消息：辽阳地区遭遇百年不遇的大洪水，太子河沿岸人民与洪水进行了英勇顽强的斗争……

对辽阳，雷锋有着说不尽的深情厚谊。他在那里参军，在那里生活过、劳动过。他经常怀念那里的伙伴们，那里新建的焦化厂，还有那里的乡亲们……

与雷锋一起参军的战友中，有不少都是辽阳人。雷锋担心他们惦记家乡遭遇的洪灾而影响情绪，便不断找他们谈心，让他们相信党，相信群众，相信依靠集体的力量，一定可以战胜洪水。

当雷锋在报纸上看到党中央和毛主席派飞机给灾区人民送粮送衣时，心想：党和毛主席这样关心灾区人民，我这个来自辽阳的人民战士，能够为灾区人民做点什么呢？

就在雷锋带病参加上寺水库的抗洪抢险斗争时，他想到自己还剩下100元钱，于是立即给灾区人民写了一封慰问信，又顶着大雨跑到邮局，将自己手中的100元钱和慰问信寄给了辽阳市委。

对于雷锋的行为，有些人不理解，认为他这样做简直就是个“傻子”。其实，说雷锋是“傻子”的人，可能不了解雷锋对祖国和人民的无限深情。他在自己的日记中曾这样写道：

> 我活着，只有一个目的，就是做一个对人民有用的人。人民的困难，就是我的困难，帮助人民克服困难，贡献自己的一点力量，

是我应尽的责任。我是主人，是广大劳苦大众当中的一员，我能够帮助人民克服一点困难，是最幸福的。

雷锋支援人民公社和灾区人民，舍得献出自己的一切，可他自己却从不舍得多花一分钱。他严格遵守毛主席关于“节省每一个铜板，为着战争和革命事业，为着我们的经济建设”的教导，始终保持着劳动人民的本色，生活十分简朴。他在日记中写道：

要记住：在工作中，要向积极性最高的同志看齐；在生活上，要向水平最低的同志看齐。

参军之后，雷锋每个月的津贴费中，除了留下一角钱交团费，两角钱买肥皂，再花几角钱买点书外，其余的钱全部存入储蓄所。

他穿的袜子都是补了又补，不知补过了多少次，最后甚至已经补得完全变了样，他还舍不得扔。

他用的搪瓷脸盆和漱口缸子，都已经用了很多年，上面的瓷也掉了许多，他还舍不得换新的。

他有一件衣服，是从湖南家乡带来的，已经很破旧了，上面也打了补丁，但他洗了又洗，补了又补，还穿在身上。

连队每次吃完饭，他都把洒在桌上、掉在地上的饭粒捡起来，用手捧着送到营房后面的猪食缸中。

在为工地运输水泥时，他特意准备了一把扫帚、一个簸箕，每次出车回来都把洒落在车厢中的水泥一点一点地扫在一起存起来。

他找来几块旧木板，自己制作了一个“节约箱”，把平时捡拾回来的破铜烂铁、边角料、螺丝钉、牙膏皮、破手套等，都装在里边，修车、修工具时能用上的就用上，尽量为国家节省开支。

他永远都忘不了在望城县委当公务员时，自己一脚踢开了路边的一颗螺丝钉，被县委张书记上前捡了起来，并让雷锋将这颗螺丝钉送到工厂里。

在鞍钢时，他穿了一身旧衣服，渐渐竟然觉得这身衣服“不美”了，买了一件夹克和一条裤子……

往日的这些教训，以及今天对于现实生活的感受，让雷锋对什么是“美”得出了自己的观点。在日记中，雷锋这样写道：

> 战士那褪了色的、补了补丁的黄军装是最美的，工人那一身油渍斑斑的蓝色工装是最美的，农民那一双粗壮的、满是厚茧的手是最美的，劳动人民那被烈日晒得黝黑的脸庞是最美的，粗犷雄壮的劳动号子是最美的，为社会主义建设孜孜不倦地工作的人的灵魂是最美的。这一切构成了我们时代的美。如果谁认为这并不美，那他就不懂得我们的时代。

（三）

天快要变暖了，连队给战士们发放夏装，规定是每人两套单军装、两套衬衣、两双鞋。但当司务长将这些东西发给雷锋时，雷锋却说：

“我只领一套军装、一件衬衣、一双鞋就行了。”

司务长感到很奇怪，就问雷锋：

“你为什么只要一套？”

雷锋说：

“有这一套就够穿了。我现在穿的这套衣服虽然有补丁了，但比我

小时候穿的衣服不知道要好上多少倍呢！剩下的一套给国家节约啦。”

领完夏装后不久，雷锋便去参加沈阳部队工程兵召开的运动会。当时天气很热，雷锋和同志们一起做完规定项目——体操后，真是又热又渴。不少同志纷纷去小卖部买汽水喝，雷锋也掏出几角钱，准备买瓶汽水解解渴。

正巧，这时有人送来了开水。雷锋见开水来了，忙将钱收起来，转身去喝开水了。一个战友看到了，就问雷锋：

“雷锋，你连瓶汽水都不舍得买啊？”

“喝开水不也一样解渴吗？”雷锋笑着说。

“我真不明白，你就一个人，攒那么多钱干什么用？”

雷锋一听，立刻严肃地对战友说：

“怎么能说我一个人呢？我们祖国大家庭有6亿多人口呢！为了改变我们国家这一穷二白的面貌，党和毛主席都一再号召我们要艰苦奋斗。而现在，我们做得还远远不够啊！”

“我们国家那么大，困难再多，还能缺你的那几个钱？”战友还是不服气。

“积少成多啊，同志！”雷锋说，“你算算，如果我们每人每天节约一角钱，那全国一天就要节约多少钱啊！我们是国家的主人，不算这笔账可不行！”

雷锋的这些言行让同志们都很受启发。运输连的同志都自觉学习雷锋，注意从一粒米、一分钱、一滴油、一度电做起，继承和发扬我军艰苦奋斗的光荣传统。一些曾说过雷锋“吝啬”“傻”的人，当听说雷锋把自己辛苦积攒的钱全部捐给人民公社和灾区时，才真正认识到了自己错误。有的同志不禁赞叹道：

“雷锋这个‘傻子’是可敬的，他对党和人民的心眼就是实在啊！”

而雷锋自己也从未将别人说自己“傻”这件事放在心上，他在日记中写道：

> 有些人说我是“傻子”，是不对的。我要做一个有利于人民、有利于国家的人。如果说这就是“傻子”，那我是甘心愿意做这样的“傻子”的。革命需要这样的“傻子”，建设也需要这样的“傻子”。我就是长着一个心眼，我一心向着党，向着社会主义，向着共产主义。

那位政治处的干事在运输连住了几天，了解到了许多关于雷锋的动人事迹。回去后，经过研究，政治处给团党委写了一份报告。团党委决定，树立雷锋为全团艰苦奋斗的“节约标兵”，号召同志们都来学习这位可敬可爱的革命“傻子”。

第十四章　一心向党

我觉得一个革命者就应该把革命利益放在第一位，为党的事业贡献出自己的一切，这才是最幸福的。把别人的困难当成自己的困难，把同志的愉快看成自己的幸福。

——雷锋

(一)

在团党委书记韩政委的办公桌上，放着一份雷锋的自述材料，题目是“解放后我有家了，我的母亲就是党”。

关于这份材料的形成，其过程是这样的：

团党委在不久前听取了政治处的汇报，讨论了雷锋艰苦奋斗、勤俭节约、以实际行动支援灾区和人民公社等先进事迹，决定树立他为全团的“节约标兵”，号召全体指战员向雷锋同志学习。

为了让全团的同志能够更加具体地了解雷锋的模范事迹，韩政委让政治部帮助雷锋将他在旧社会的苦难遭遇和解放后的成长经历写成材料后，印发各连党支部组织阅读。为此，政治处将雷锋找来，详细地听取了他的汇报，边听边记录，用了两天多的时间，整理成了一份近万字的《雷锋同志模范事迹材料》，并最后让雷锋自己过目定稿。

雷锋对这份材料作了认真的修改，还加上了“解放后我有了家，我的母亲就是党”这个题目。

韩政委仔细地看了雷锋的这份自述材料，随后立即批准打印上报下发。令韩政委感动的是，雷锋这样年轻，却有着如此不平凡的经历！一个在旧社会惨遭家破人亡的孤儿，在新中国成立后，在党的关怀培育下，短短的几年时间里，曾当过农民，成了拖拉机手；曾在鞍钢当过工人，现在又成为一名解放军战士，而且在每个岗位上都表现得那么出色。

可是，雷锋还没有入党呢！韩政委忽然想到了这个问题，便又拿起雷锋的自述材料翻阅着——

“没有党，就没有我雷锋。”

“可以说，在我周身的每一个细胞里，都渗透了党的血液……”

“我有向党说不尽的话，感不尽的恩，表不完为党终生奋斗的决心……”

……

看到这些，韩政委非常感动，他立即给运输连打了一个电话，询问雷锋入党的事。运输连的高指导员说，雷锋已经于1960年下半年向连队的党支部提出了入党申请。党支部经过研究，一致认为雷锋出身贫苦，爱憎分明，阶级觉悟高，入党动机正确，在经过一段时间的培养教育，就可以履行入党手续了。

韩政委在电话中特意交待说，要抓紧办好这件事，只要具备了入党条件，不要过分强调入伍的时间等问题。

一天中午，在家休班的同志都睡午觉了，高指导员根据政委的指示和支部的意见，想再找雷锋谈一次话。

他到四班的宿舍一看，雷锋不在。高指导员走出宿舍，朝车场扫了一眼，发现13号驾驶室中坐着一个人。因为车窗反射着很强的阳光，看不清楚里面坐的人是谁，但高指导员猜想那个人肯定是雷锋。

高指导员走近一看，果然是雷锋，他正坐在里面聚精会神地看书呢。

“雷锋。”高指导员轻轻叫了一声。

雷锋这才发现指导员来到了车窗前，忙说：

“指导员，您没有休息啊？”

高指导员点了点头，笑着拉开车门，坐进了驾驶室中，顺手拿起雷锋手中的书——《毛泽东选集》第二卷。

原来，雷锋正在学习《中国共产党在民族战争中的地位》一文。高指导员见书中已经用红笔着重划了几段话，并标注了“牢记”二字。这些话是：

> 共产党员的先锋作用和模范作用是十分重要的。共产党员在八路军和新四军中应该成为英勇作战的模范，执行命令的模范，遵守纪律的模范，政治工作的模范和内部团结统一的模范……
>
> 共产党员应该是实事求是的模范，又是具有远见卓识的模范……
>
> 共产党员又应成为学习的模范，他们每天都是民众的教师，但又每天都是民众的学生……

看了这些，高指导员深受感动。他把书还给雷锋，然后拉着雷锋的手说：

“支部已经讨论了你的入党申请，大家对你提出的希望，怎么也超不过毛主席所讲的这些话呀！我们每个共产党员都应该这样做。”

“指导员，请您放心吧。”雷锋激动地说，“我一定好好学习马克思主义、毛泽东思想，按照党员的标准严格要求自己，决不会辜负党的培养和教育。”

按照党组织的要求，此后雷锋更加发奋学习和工作，不断锻炼和提升自己。在他的成长过程中，他总是像吸吮母亲的乳汁一般，从党的亲切教诲中，从毛主席的著作中，吸取党的思想养分。

通过不断的学习和实践，雷锋也更加深切地体会到：中国共产党是无产阶级的先锋队，是理论联系实际、密切联系群众、勇于自我批评的马克思列宁主义政党。党领导的无产阶级和劳动人民所进行的一切伟大斗争，最终目的都是为了实现共产主义。

雷锋就是将党的这个最高纲领作为自己全部生活的目的的，并将自己的全部身心都融入到了党的伟大事业之中。因此，他在入党申请书中表示：

“坚决听党的话，一辈子跟着党走。”

“我活着只有一个目的，就是为了实现人类最伟大的理想——共产主义而斗争。”

（二）

不久后，雷锋到沈阳出差，便抽了个空闲时间，怀着崇敬的心情来到北陵烈士陵园，瞻仰了烈士墓。

在庄严的气氛中，雷锋沿着烈士墓旁的小道慢慢行走着。当他依次走到黄继光、邱少云、杨连弟等英雄的墓前，顿时感到心潮澎湃，难以平静。他轻轻地抚摸着墓碑旁的轻松，仔细的默读着墓碑上的文字，并在心中默默宣誓：

“革命的先烈们，你们为了伟大的共产主义事业贡献了自己的宝贵生命，你们将永远活在我们的心中！你们崇高的革命理想和献身精

神，将永远鼓舞着我们前进。每当我遇到困难时，一想起你们，就浑身都是力量，信心百倍，意志坚强。在我单独外出执行任务时，一想起你们，我就更加严格要求自己，坚决遵守纪律。在得到福利和享受时，一想起你们，我就会把享受让给他人，把困难留给自己。我一定继承你们的遗志，做一个像你们那样的无产阶级先锋战士……”

从沈阳回来后，雷锋又向党支部汇报了自己的思想状况。根据雷锋的一贯表现，支委会和支部大会一致通过了雷锋的入党申请。

1960年11月8日，雷锋——这个刚满20岁的年轻战士，光荣地加入了伟大的中国共产党。这天下午，支部书记在营部开完党委会回来，便找到雷锋，正式通知他说：

“雷锋同志，党委已经批准了你的入党申请。从今天开始，你就是一名中国共产党党员了！”

对一个立志为党和人民的事业奋斗终生的革命战士来说，这个消息该是多么令人喜悦和激动啊！雷锋听到这个喜讯后，立刻紧紧地握住支部书记的手，眼睛里闪动着激动的泪花，说道：

“请支部书记放心，为了党的伟大事业，我一定不惜牺牲自己的一切。”

这一天，雷锋怀着万分激动的心情，在自己的日记中写道：

1960年11月8日，是我永远不能忘记的日子。今天，我光荣地加入了伟大的中国共产党，实现了自己最崇高的理想。

我激动的心啊，一时一刻都没有平静！伟大的党啊，有了您，才有了我的新生命。我在九死一生的火坑中挣扎和盼望光明的时刻，是您把我拯救出来，给我吃的、穿的，还送我上学念书。我念完了高小，带上了红领巾，加入了光荣的共青团，参加了祖国的工业建设，又走上了保卫祖国的战斗岗位。在您的不断培养和教育下，我从一个穷孩子，成长为一个有一定知识和觉悟的共产党员。

伟大的党啊，您是我慈祥的母亲，我所有的一切都是属于您的，我要永远听您的话，永远做您忠实的儿子。

今天我入了党，使我变得更加坚强，思想和眼界变得更加开阔和远大。我是一个共产党员，人民的勤务员。为了全人类的自由、解放、幸福，哪怕高山、大海、巨川，为了党和人民的事业，就是入火海、进刀山，我甘心情愿，头断骨粉，身红心赤，永远不变。

（三）

雷锋入党后，团政委找他谈了一次话，并送给他一本新出版的《毛泽东选集》第四卷，鼓励他以后进一步用毛泽东思想武装自己，永远做个忠于党、忠于人民的好党员。

雷锋手里捧着政委送给他的书，激动地说：

“我会永远忠于党，忠于人民，做毛主席的好战士！”

不久后，雷锋便经常应邀外出，到一些部队、工厂和学校作报告。不管时间多长，路途多远，雷锋都会经常向党组织汇报工作情况，并按月交纳党费。

一次，雷锋到沈阳、旅大一带作报告，又及时给党支部写了一封汇报信。在信中，雷锋写道：

……月底前我可能会回去，党费就不邮了；万一我回不去，请把这个月的津贴费领出来，千万要给我交上党费。

雷锋认为：党费并不是普普通通的几毛钱，而是衡量共产党员的观念的一种标志。因此，他有着极强的党性，无论何时何地都以党员的标准来严格要求自己，认真执行党员的权利和义务。

入党以后，雷锋没有一个党日（即党员活动日）是虚度的。有时他远离组织，单车执勤，但到党日时，就会坐在驾驶室中，认真学习毛主席有关党的建设的文章，不断加强自己的党员观念。

有一段时间，雷锋带领全班同志在一个偏僻的山区工地执行运输任务。由于他所驾驶的13号车到了保养期，工地领导给了雷锋三天假，让他在星期五、星期六两天回连里去保养车辆，星期天休息。

雷锋回到连队后，自动将这个安排调整了一下：星期六参加连队的党日活动，星期天保养车辆。连里的同志见雷锋又忙又累，就纷纷劝他说：

“雷锋，看你忙成这样，身上的衣服也都脏了，你还是先洗个澡，换换衣服，休息一下吧！”

但雷锋却说：

“洗澡换衣服晚两天不要紧，但能在连里过个党日，这才是难得的呢！”

在连里过完党日后，雷锋又向党支部书记汇报了全班同志在执行任务过程中的学习和思想情况。最后，他关切地说：

“支部书记，我能给支部提个建议，可以吗？”

“当然可以，欢迎同志们多给支部提意见。”支部书记笑着说。

雷锋认真地说：

“咱们运输连一直都分散执勤，这样一来，党支部应该特别注意加强思想政治工作，好好发挥党员的模范作用……”

“雷锋同志，你提的问题还真提到节骨眼上了！”支部书记点点头，进一步鼓励雷锋，“说说吧，你看怎么做更好呢？”

雷锋想了一下，然后胸有成竹地说：

“第一，发挥党员的模范作用，最好从党课教育着手，建议支部将党课教育列入支部工作计划之内，每个月最好能上两次党课。第二，越是在分散执勤的情况下，支部越是应该抓好干部的跟车制度。第三，建议支部将思想工作骨干组织起来，做到人、车到哪里，思想工作就做到哪里。”

支部书记一听，高兴地说：

“雷锋同志，你的这些建议很好啊！党支部一定认真研究，要求每个党员都将党的工作放在心上，带领群众一道前进。”

雷锋的这些建议，对加强运输连党支部的建设起到了一定的作用。运输连的党员同志都表示，要像雷锋那样，一心向党，努力做好党交付给的各项工作，从而将党的事业发扬光大。

第十五章　成为名人

我愿做高山岩石之松，不做湖岸河旁之柳。我愿在暴风雨中锻炼自己，不愿在平平静静的日子里度过自己的一生。

——雷锋

（一）

为了让干部和战士都能提高觉悟，运输连党支部根据上级的指示，决定在冬训期间进行一次阶级教育。当支委会研究让谁带头忆苦时，大家都不约而同地想起了几个月前中秋节那天晚上发生的一件事：

那天晚上，大家都非常高兴。司务长给每人发了四块月饼，大家有说有笑，边吃边聊，到处都洋溢着一片欢快的气氛。

但是，雷锋领到月饼后，一口也没吃。他捧着月饼悄悄走到门外，不由得想起了十几年前那苦难的岁月，想起了在那个阴森的夜晚，被万恶的旧社会逼死的母亲。母亲没能过上今天的幸福生活，没能看到她的儿子受到党和人民的亲切关怀和培养。

今天的生活是多么美好啊！但这美好的今天也来之不易。为了建设新中国，创造更好的未来，多少无名英雄抛头颅、洒热血……

雷锋又想起了那些奋战在各条战线上的同志们，想起了那些躺在病床上的伤病员，心中感慨万千，久久不能平静。

雷锋转身回到宿舍，将自己领到的这份月饼小心地用纸包起来，然后又写了一封热情洋溢的慰问信，信中写道：

亲爱的阶级兄弟，为祖国社会主义建设负伤和有病的休养员同志，你们曾在各自的岗位上努力工作，为祖国建设贡献了力量。现在你们住在医院接受治疗，希望你们勇敢地面对现实，勇敢地与病魔斗争，争取早日康复，重新加入建设者的队伍中。这四块月饼是人民给我的，它使我想起了过去的苦，体验了今天的甜。因此，请收下一个战士的心意吧。

第二天，雷锋抽空来到了附近的抚顺市西部职工医院，将慰问信和月饼送给了在这里休养的同志们……

支部委员们联想起了这件事，又想起雷锋在旧社会的苦难遭遇，便一致推举雷锋来带头忆苦。

忆苦大会是在驻地附近的一片杨树林中召开的，团政委和各兄弟连队也都派代表参加了。在会前，高指导员作了简短的介绍后，便请雷锋在战友们面前将那个深埋在自己心中的爱与恨，真挚生动地讲述出来。

雷锋一字一句的认真讲述着，他的血泪控诉也激起了战友们对旧社会的深切仇恨，以及对建设伟大新中国的强烈信心，大家不断振臂高呼：

“艰苦奋斗，发奋图强！”

“努力建设伟大的新中国！”

……

忆苦大会即将结束时，团政委最后讲话。他说：

“雷锋同志的经历，实际上也是我们整个民族的经历。列宁同志曾说：忘记过去就意味着背叛。我们不忘过去，就是不要背叛自己，不要被暂时的困难和挫折所吓倒。我们一定要和全国人民一起，自力更生，艰苦奋斗，奋发图强，建设和保卫好我们伟大的社会主义祖国。”

1960年底，雷锋的先进思想和模范事迹以《苦孩子好战士》为题在报刊上发表后，邀请他前去作报告的单位越来越多。

雷锋在各地的报告都深受欢迎。他以自己的亲身经历告诉人们不忘过去，以便更好地珍惜现在，激励人们为建设我们的社会主义祖国而奋斗，团结一致，更加坚定地去克服困难。他说：

“在我们前进的道路上，不可能不遇到一些暂时的困难。我们取得的成绩告诉我们：我们有信心克服困难，我们要用行动去证明我们的自信！”

雷锋是这样说的，也是这样做的，他为我们党、我们国家竭尽全力承担困难的精神，不知感动了多少人！

（二）

一天，雷锋作完报告后回到连队，正赶上同志们都到郊外助民劳动去了，连里干部只有副指导员在值班。他见雷锋回来了，就高兴地拉着他的手说：

“快来看看你的小展览会。”

“小展览会？”雷锋一时没弄明白什么意思。

“是这么回事，团党委树立你为艰苦奋斗的节约标兵之后，你的事迹又登了报，党支部将你的东西整理了一下，摆了几张在桌子上，原本只想对全连同志们进行一次思想教育，结果消息一传出去，每天都有人来参观，连谢绝都谢绝不了，都要学习你艰苦奋斗的革命精神呢！”

“这……”雷锋有些不好意思。他想，作为一个共产党员、人民战士，当我们的国家在前进的道路上遇到了一些暂时的困难时，自己无非是想尽力为国家分担一点困难，这完全是应该的啊！

在副指导员的带领下，雷锋来到车场附近，见紧靠营房的地方，并排摆着三张桌子。其中的一张桌子上，放着雷锋的衣物——一件补了又补的衬衣，一件绒衣也打了补丁，一件补了好几种颜色补丁的袜子；第二张桌子上，放着雷锋的那个用木板钉的“节约箱”，里面装的是那些碎铜块、废铁块、边角料、螺丝钉、牙膏皮、破手套以及用过的擦车布等；还有一张桌子，上面摆的是他扫水泥用的簸箕和扫帚，旁边写这样这样的说明词：

雷锋同志在给建筑工地运输水泥期间，坚持用这个簸箕和扫帚扫取洒落在车厢中的水泥，前后扫了2000多斤……

看到这些，雷锋有些不安地说：

“副指导员，我扫的那点水泥，恐怕没有这么多吧？”

副指导员认真地说：

“你扫的水泥，不是都放在旧油桶里了吗？这个数字是咱们李连长和四班长亲自算出来的，没错！”

这个小小的展览会，每天都会吸引很多人前来观看，几个兄弟连的干部战士来看过，附近几所小学的孩子们也都来看过。

不久，北京中国人民革命军事博物馆的一位同志专程来到雷锋所在的连队，准备收集雷锋的这些物品和雷锋读过的书。这位同志在团俱乐部主任的陪同下来到运输连，看了这个小小的展览会后，深为感动。他还从中选了几件东西准备带回去正式展出。他手捧着雷锋的那

双补了又补的袜子，对团俱乐部主任说：

“让更多的人看看雷锋同志的这双袜子，我相信在目前的形势下，它一定会引起人们的深思……”

雷锋献出了他这双穿了多年、补了多次的袜子和其他一些东西，他将要展出的这些东西看成是对自己的鞭策和鼓舞，从而也更加坚定了艰苦奋斗的决心。在当时的日记中，雷锋这样写道：

现在，我们国家处于困难的时期。我们是国家的主人，应该处处为国家着想，事事要精打细算……我们要奋发图强，自力更生，克服当前存在的暂时困难……

（三）

雷锋不仅自己要求上进，处处以身作则，还十分关心周围的同志。他常说：

“一花独放不是春，百花齐放春满园。”

在雷锋的带动和影响下，他所在的二排四班团结一心，都以坚忍不拔的精神，刻苦学习革命理论和军事技术，有力地促进了各项工作的实施。在雷锋的影响下，有的战士入了团，有的战士入了党，就连平时不太爱学习的战士小乔，也有了明显的进步。他们成了全连又红又专的先进集体，战友们谈论起来，都感到取得的这些成绩与雷锋是分不开的。

就拿雷锋的“小图书馆”来说吧，每天都吸引着身边的战友们。一有闲空，他们不是来雷锋这里找毛主席的书，就是来借革命故事书。

原来，雷锋总是把买来的书装入挎包里，后来书太多了，挎包装不下了，他就自己钉了个小书架，把书都放在书架上，战友们都称这个小书架是“小图书馆”，是大家的学习园地。

为了称赞雷锋的“小图书馆”，有个同志还特意编了一首快板诗：

不用上书店，
不用把腿跑，
不用借书证，
不用打借条，
你要想看书，
就把雷锋找。
……
小小图书馆，
读者真不少，
上至连长，
小至小乔。
小乔看不懂，
雷锋把他找，
念给他听，
指给他瞧，
两个小战士，
团结得真好。

这是怎么回事呢？原来，小乔是与雷锋一起入伍的同班战友。小乔干起工作来没得说，但就是文化程度低，一提起学习就头疼。雷锋为了帮助他，给他当了小老师，不断给他讲解学习知识的重要性，还讲

解各种学习方法，手把手地教他写字，一再鼓励他增强学习的信心和勇气。

在雷锋的努力帮助下，经过一段时间的苦学，小乔的学习有了明显的进步。排里进行语文测试，小乔得了100分。他高兴地举着成绩单对雷锋说：

“这100分，得分给你50分！”

雷锋也很替小乔高兴，他幽默地说：

“可别这么说，这样的话，我们两个人都不及格了。这都是你自己努力的结果呀。”

不久，连里又为文化程度低的同志增加了算术课。在学习算术时，小乔又遇到了困难。他说：

“我的底子太薄了，消化不了那些加减乘除。”

于是，雷锋又耐心地帮助他学习算术。连教了两天，小乔还是“消化不了”。

一天，雷锋在报纸上看到了一篇介绍毛主席关怀警卫战士学习文化的文章，读完很受感动。他立即找到小乔，说：

“你看，这里有一篇文章，是专门写给你的。”

小乔有点不信，接过报纸，不解地问：

“怎么是专门写给我的呢？”

“你自己好好看看嘛！”

小乔一看上面有毛主席给战士讲课的照片，便急不可待地说：

“这都写的啥内容？雷锋，你快念给我听听！”

雷锋认真地读了起来，读一段给小乔讲一段，激励他坚定学习的信心。小乔边听边点头，心想：毛主席这样关心战士学习文化，雷锋也如此帮助我、鼓励我，我一定要学好算术！

雷锋见小乔鼓起了学习的信心，马上把事先给他订好的笔记本和一支钢笔送给他。小乔一见，说：

“你把这些给了我，你用啥？”

“你快拿去用吧，我还有呢。”

“那你把报纸也给我吧，我再仔细看看。”小乔拿过那张报纸，又认真地看了一遍。从此，他认真地学起算术来。

在雷锋的认真辅导下，小乔经过努力，算术也有了很大的进步，同志们都纷纷称赞雷锋关心他人比关心自己更多。

这个小乔，就是乔安山。后来乔安山经常说：

“雷锋为了帮助我进步，真是把心都掏给我了！”

在雷锋牺牲35年后，中央电视台的一位节目主持人曾专门到抚顺采访了雷锋当年的战友乔安山。主持人问他：

“有人认为，新时期雷锋团结互助、无私奉献的精神已经过时了，你怎么看这个问题呢？”

乔安山回答说：

“我不同意这种观点。雷锋精神讲的是怎样做人。人，啥时候都得讲怎样做人。像正直、诚实、善良、助人、勤俭这些品质，啥时候都得提倡，啥时候也不会过时。我们司机开车得遵守交通规则，做人得遵守做人的规则。如果司机不遵守交通规则，那马路上就得乱套，不是撞了人、轧了人，就是撞了车、翻了车。社会也同样。如果所有的人都不遵守做人的规则，那这社会就得乱套，那也就谁都甭想过好了。”

第十六章　爱心处处

一个人的作用，对于革命事业来说，就如一架机器上的一颗螺丝钉。机器由于有许许多多螺丝钉的联接和固定，才成了一个坚实的整体，才能够运转自如，发挥它巨大的工作能。螺丝钉虽小，其作用是不可估计的。我愿永远做一个螺丝钉。

——雷锋

（一）

雷锋在日记的日记中这样写道：

人的生命是有限的，可是，为人民服务是无限的，我要把有限的生命，投入到无限的为人民服务之中去……

这是雷锋崇高的理想，也是雷锋的人生观。

人的生命是有限的，雷锋的能力也是有限的，可他是人到哪里，好事就做到哪里。难怪有人称赞说：

“雷锋出差一千里，好事做了一火车。”

的确，雷锋就是个竭尽全力为人民做好事的人。

一天，雷锋踏上了从抚顺开往沈阳的列车。看到上车的旅客越来越多，他连忙将自己的座位让给一位老人。看到列车员忙不过来，他又主动帮助列车员扫地，擦玻璃，收拾桌子，给旅客倒水，帮助中途下车的旅客拿东西。

一些旅客见雷锋的车上忙来忙去，便将自己的座位让给雷锋，说：

“同志，看你累得满头大汗的，快过来歇歇吧！”

“谢谢你，我不累。”雷锋为人民做好事，从来都不感到累。

到沈阳车站换车时，一出检票口，雷锋就发现一群人正围着一个背着小孩的中年妇女，为她着急呢。这个说：

“你再找找，是不是装错了地方？”

那个说：

“到吉林去的车都快开了，大嫂把车票丢了可怎么办啊？”

那个中年妇女也急得团团转，把自己的衣服口袋翻了又翻，还是没找到。

雷锋见了，忙跑过去问道：

“大嫂，你要到哪里去？怎么把车票丢了呢？”

中年妇女着急地说：

“俺从山东来，到吉林去看望孩子他爹，不知道啥时候把车票和钱都丢了！”

雷锋看了看表，担心耽误了这位中年妇女的上车时间，就说：

“大嫂，你别着急，跟我来吧。”

中年妇女跟着雷锋来到售票处。雷锋从口袋里掏出自己的津贴费，为中年妇女补买了一张到吉林的车票，递给她说：

“快拿着上车吧，车都要开了。”

“这，这……”中年妇女看着手中的车票，含着眼泪说，“大兄

弟，你叫啥名字？是哪个单位的？”

雷锋笑了笑，心想这大嫂还真有意思，大概是想以后还钱吧，因此就说：

“大嫂，别问了，我叫解放军，就住在中国！”

“解放军……”中年妇女眼泪汪汪地拿着雷锋为她买的票朝检票口走去，还不住地回头向雷锋招手。

雷锋到丹东工程兵部作了一场报告回来，早晨5点多到沈阳换车回抚顺驻地。在过地下道时，看到一位白发苍苍的老大娘正拄着拐棍，背着一个大包袱，蹒跚地走着。

雷锋忙赶上前，问道：

“大娘，您这是要到哪里去啊？”

老人气喘吁吁地说：

“俺从关内来，要到抚顺去看儿子的。”

雷锋一听，跟自己是同路，因此马上从大娘手中接过包袱背在自己身上，另一只手扶着老大娘，说道：

“大娘，我送您到抚顺吧。”

老人高兴得不知说什么好，对雷锋一口一个“孩子”地叫着。

雷锋扶老人上了车，车厢里已经坐满了人。他正想给老人找个座位，身旁的一个中学生站起来，让老人坐下了。雷锋帮老人把包袱放好，就站在老人身边。

老人见雷锋站着，就往里边挪了挪，空出一点座位，对雷锋说：

“孩子，你也坐下吧。”

“孩子”，这是多么亲切的称呼啊！雷锋每次听到这个称呼，都会觉得像小时候母亲喊他的小名一样悦耳。

雷锋挨着老人坐了下来，问老人的儿子是做什么工作的？住在哪里？老人说她儿子是个煤矿工人，出来几年了。她第一次来抚顺看儿子，还不知道他住在哪里。

老人说着，从怀里拿出一封信，递给雷锋说：

“孩子，你看看，这个地方你知道吗？”

雷锋看了看信封上的地址，写的是“抚顺市××信箱”，他也不知道。但他知道老人找儿子心切，就说：

“大娘，您放心吧，我一定帮您找到儿子。”

“那可太好了！”老人笑得眉开眼笑。

火车到了抚顺站后，雷锋背起老人的包袱，扶着老人下了车。出站后，雷锋一路上打听，找了两个多小时，终于帮老人找到了儿子。

当老人见到儿子后，第一句话就是：

“儿子啊，如果不是这孩子一路送我，娘怕都找不到你啦！”

老人的儿子忙激动地握住雷锋的手，一再表示感谢。

“不用谢，这都是我应该做的。”雷锋谦虚地说。

（二）

1961年5月的一天，雷锋冒雨到沈阳出差。为了赶早车，他早晨5点多就起床了。洗漱完毕后，雷锋带上几个馒头，披上雨衣就出发了。

在去车站的路上，透过雨幕，雷锋发现前面有一位妇女，身上背着一个孩子，手里还领着一个女孩，在大街上深一脚浅一脚地向车站走去。

雷锋急忙跑上前去，脱下自己的雨衣，披在背小孩的妇女身上，又背起在地上走着的小女孩，陪同她们一起到了车站。

上车后，雷锋见小女孩冻得直哆嗦，又把自己贴身的绒衣脱下来，给小女孩穿上。

雷锋估计，她们应该还没有吃早饭，于是就把自己带的馒头分给她们母子三人吃。

当火车到沈阳后，天还在下雨，雷锋一直将她们母子三人送到家里。那位妇女感动得热泪盈眶，紧紧握住雷锋的手说：

“同志，真是太谢谢你了！我该怎么感谢你才好呢？”

雷锋笑笑说：

“大嫂，不用感谢我，应该感谢我们的党和毛主席呀……”

当雷锋离开她家，继续冒雨赶路时，虽然身上都被淋湿了，很冷，但他的心却热乎乎的。

这年夏天，雷锋又奉命到佳木斯执行任务。当他乘车回沈阳时，照样一路上扶老携幼，忙这忙那的，简直就是一个闲不住的义务列车员。

沈佳线第三包乘组的列车员小王见这个战士一刻也不闲着，立刻想起她在报纸上看到的雷锋的事迹，心想：这个年轻的战士会不会就是雷锋啊？

小王刚想走上前去问问，恰好列车到了滨江站。此时，外面正下着很大的雨，装卸工人们一见列车进站了，都忙着遮盖站台上的货物和行李。

火车刚一停下，雷锋就跑下车，冒着大雨与装卸工人们一起干了起来，一直干到开车铃声响起，他才匆匆登上火车。

小王见他上了车，衣服都淋湿了，鞋子上也沾满了泥水，就上前问道：

“同志，请问你叫什名字？”

“你问这个干什么？”雷锋笑着说。

“要是我没猜错的话，你应该就是雷锋同志吧？”

“雷锋……也很平常啊。”雷锋谦虚地笑着说。

小王回去后，立即将这件事跟同事们说了，大家纷纷抽空跑过来看望雷锋，这个与他交谈怎样学习毛主席著作，那个和他交谈为人民服务的体会，一直谈到列车进了沈阳站，车厢内的气氛非常活跃。

列车进站后，旅客们都下了车，雷锋又同列车员一起打扫完车厢，才和这些热情的列车员们告别，离开了车站。

雷锋出差期间所做的这些好人好事，通过这些认识、敬佩他的人们之口渐渐传开了。

转眼又到了1962年的春节，战友们都愉快地聚在一起搞各种文艺活动。雷锋和大家打了一会儿乒乓球后，心里总觉得还有什么事没做。他忽然想到，每逢节假日，正是各个服务部门和运输部门最忙的时候，这些地方现在正需要人手帮忙。

想到这里，雷锋立即放下手中的乒乓球拍，叫上班里的几个同志，一起向副连长请了假，直奔抚顺飘儿屯车站。一到这里，大家便分头忙活起来，有的帮忙打扫候车室，有的给旅客倒水，有的扶老携幼，帮助旅客上下车。

车站的工作人员见到雷锋他们，便以为雷锋又趁着自己出差的机会，来这里为大家服务了，于是就上前问道：

“雷锋同志，春节还要出差吗？”

“是啊，春节是你们最忙的时候，所以我们来出个公差……”雷锋笑着说。

“这……”车站的同志们非常感动，纷纷说，“你辛苦了，也休息休息吧！”

“我们不累，做这点小事儿累不着的。”雷锋说完，又跟大家一起忙活起来。

雷锋就是这样永不停息地为人民做好事，难怪人民一见到为人民做好事的同志，就会不由自主地想起雷锋……

伟大领袖毛主席曾说：

“一个人做点好事并不难，难的是一辈子做好事，不做坏事，一贯的有益于广大群众，一贯的有益于青年，一贯的有益于革命，艰苦奋斗几十年如一日，这才是最难最难的呵！”

雷锋正是严格按照毛主席的这一教导去做的。他在自己的日记中这样写道：

> 我觉得一个真正的革命者，他是大公无私的，所作所为，都是对人民有益的，他的责任是没有边的……

一天，雷锋和另一位同志接到一个任务——给一营二连拉粮食。两人上午8点从下石碑山出车，9点半左右就到达了抚顺粮站。这趟车是副司机开的，由于缺乏驾驶经验，遇到紧急情况就手忙脚乱起来，因此途中不小心轧死了老乡的一只鸭子。雷锋立即叫他把车停下，然后向老乡道歉，并给老乡赔偿了两元钱，使老乡很受感动。

第十七章　孩子榜样

我们要真正学到一点东西，就要虚心。譬如一个碗，如果已经装得满满的，哪怕再有好吃的，像海参、鱼翅之类，也装不进去；如果碗里是空的，就能装进很多东西。装知识的碗，就像神话中的“宝碗”一样，永远也装不满。

——雷锋

（一）

雷锋所在部队驻地附近有几所小学，这里的孩子们每天上学放学时见到解放军叔叔，不是敬礼，就是问好。雷锋每次见到孩子们扬起幸福的笑脸，亲切地称呼他“雷锋叔叔”时，心里都感到热乎乎的。他往往情不自禁地想：在这些孩子们面前，自己已经是个大人了；可是在党的面前，自己永远都是个孩子啊！

雷锋热爱孩子们，孩子们也热爱他，都将他当成自己亲密的朋友和学习的榜样。后来，雷锋受小朋友们的热情聘请，受连队党支部的委托，先后担任了抚顺市建设街小学（即现在的雷锋小学）和本溪路小学少先队组织的校外辅导员。

雷锋认为：孩子是祖国的未来，教育他们从小树立无产阶级的革命思想，做共产主义事业的接班人，这是整个社会的责任，也是自己义不容辞的义务。因此，当一个少先队员为他系上红领巾时，雷锋激动地说：

“今天，我又能戴上鲜艳的红领巾，成了你们中间的一员，我非常激动。让我们携起手来，共同学习，共同进步……”

在一个阳光灿烂的中午，雷锋穿着崭新的军装，系着鲜艳的红领巾，向建设街小学走去。刚一进校门，雷锋就被一群天真可爱的孩子围住了。他们跳跃着、欢呼着：

“欢迎雷锋叔叔！”

“请雷锋叔叔给我们讲故事！”

……

雷锋非常喜欢这些可爱的孩子，一来到他们的中间，他就高兴得了合不拢嘴。今天，雷锋刚刚出车回来，听说孩子们要举行以“听党的话，做毛主席的好孩子”为主题的大会，就连忙吃点饭，换了衣服，赶过来了。

雷锋深深懂得孩子们的心：解放军叔叔在他们心中的形象可高大了！他也知道孩子们对他的欢迎，体现了孩子们对人民子弟兵的热爱和信任。因此，在大会上，他讲述了自己在韶山时听到的毛主席青少年时代的故事，鼓励孩子们勤学上进，树立远大的理想，将来为社会主义建设事业贡献力量。1000多名孩子聚精会神地听着雷锋叔叔生动的讲述，都被毛主席少年时代的革命实践精神深深感动了。

虽然雷锋平时很忙，但他却经常利用中午休息的时间，或者风雨天不能出车的日子，请假来到学校，找老师和孩子们谈心，或者进行其他的辅导活动。他很善于启发教育孩子，耐心地帮助孩子们克服学习和生活上的困难，鼓励他们好好学习，不断进步。

一天，本溪路小学一个学习小组的6名女同学为一道算术题伤透了脑筋。恰好雷锋那天去学校，就问她们的作业完成得怎么样了？有没有不懂的地方？但6个女同学谁都不好意思把算不出的难题说出来，只是一个个的默不出声。

雷锋看着她们的样子，就笑着说：

“我已经看出来了，你们肯定是遇到了难题，还不好意思问。没关系，不懂的地方就要问嘛！”

在雷锋的鼓励下，她们终于把难题提了出来。雷锋拿起笔，认真地给她们讲解了一遍，然后问她们是不是都听懂了？5个女生表示自己已经懂了，但只有一个女生低着头，不吱声。

雷锋见她年纪小，可能理解能力稍微差些，就又耐心地给她讲解了半天，直到她完全弄懂了，才放下笔，做别的事去了。

雷锋还经常到班级检查孩子们的作业，对其中有问题的孩子进行帮助。建设街小学三年级有个小朋友，学习成绩不错，就是字写得不好。雷锋多次手把手地教他，直到他能一笔一划地写出工整正确的字为止。

雷锋还一再嘱咐这些孩子们：

“你们要听毛主席的话，好好学习，天天向上，长大了好为人民、为社会主义祖国服务。”

（二）

建设街小学六年级二班有个学生，很聪明，但也很顽皮，整天打打闹闹不好好学习，个子很高了也不戴红领巾。这个班的中队委员们都不爱理他。

雷锋知道这件事后，就找到这个班的中队委员们，耐心地劝解他们说：

“帮助同学进步，让他明确学习知识的重要性，这是我们大家的责任。就是从最起码的同学友情出发，也应该帮助他。他的功课不好，要动员他参加学习小组，帮助他把成绩赶上来，不理他是不对的。”

“可他谁的话都不听，我们怎么帮他啊？”一个中队委员说。

“别着急，我帮你们一起给他做工作。”雷锋笑着说。

此后，雷锋每次来学校，都会找这位同学谈心，给他讲故事，还约他到部队里玩，和这位同学建立了真挚的友谊。

一天，经过连里批准，雷锋开着汽车帮助学校到郊外去捡碎砖，准备修建校园里的花坛。六年级二班的一些同学也跟着雷锋去了。

到郊外后，大家立即从车上跳下来，四处捡拾碎砖去了，但这位顽皮的同学却不肯捡砖，而是偷偷溜到汽车驾驶室中，摸摸这，动动那，把着方向盘，嘴里还发出“嘀嘀”的声音，像是要把汽车开走一样，玩得不亦乐乎。

突然，“吱”的一声，车门被打开了，这个同学被吓了一跳。一看进来的是雷锋叔叔，他心里暗暗嘀咕：这下完了，要受责罚了。

没想到雷锋一点也没有生气的样子，而是笑着问他：

“我看出来了，你很喜欢开汽车，是不是？”

这位同学支支吾吾地回答说：

“可是……可是我学不会啊。”

雷锋拍了拍这位同学的肩膀，和蔼地说：

“只要你用心学习，学什么都不难。等我们捡完砖回去，我就教你开汽车。”

这位同学一听，高兴极了，立刻跳下车，跟着同学们捡碎砖去了。

捡完砖回去时，雷锋果然让这位同学坐在驾驶室里，给他讲一些开汽车的知识，可这位同学一点也听不懂。雷锋见状，就语重心长地说：

“你看，开汽车是这么复杂的一件事，没有知识怎么行呢？将来你们要亲手把我们的祖国建设成为一个富强的社会主义国家，有很多重要的工作等着你们去做呢！你现在光知道玩儿，不努力学习科学文化知识，能行吗？你们现在有这么好的学习条件，应该努力学习才对！”

这位同学深受启发，也领会了雷锋的心意，他羞愧地红着脸说：

“雷锋叔叔，我一定听你的话，克服缺点，努力学习，以后长大了也像你一样……”

从此，这位同学果然克服了许多缺点，学习也努力了，各方面都有了明显的进步。当他被批准入队，第一次戴上红领巾时，还特意跑到运输连告诉雷锋说：

“雷锋叔叔，我已经加入少年先锋队啦！”

“好啊，真是要祝贺你！”雷锋高兴地说，同时又鼓励了他一番。

（三）

1961年春节初一的早晨，建设街小学的三个小朋友被一阵鞭炮声和锣鼓声吸引住了，他们蹦蹦跳跳地跑到街上，想去看看秧歌队。

刚跑到半路，三个小朋友远远就看见一个肩上挑着担子、手里拿着铁锹的解放军叔叔。走近一看，原来是雷锋。

三个小朋友忙上前敬了队礼，高兴地给雷锋问好：

“雷锋叔叔，春节好！”

雷锋一看，也亲切地说：

“好啊，小朋友们也好！你们这是要去看秧歌吗？”

孩子们点点头，但忽然看到雷锋挑的粪筐中装了不少粪肥，便问：

“雷锋叔叔，过春节你还要捡粪啊？”

“春节是个好日子啊。”雷锋放下担子，对他们说，“我们的祖国现在有困难，抽空捡点粪，可以支援农业生产嘛！”

三个小朋友一听，互相望了望，谁都不想去看秧歌了。有个小朋友还一把夺过雷锋手中的锹，另一个小朋友争着要挑担子，大家一起去捡粪。雷锋没有让他挑担子，而是拍拍他们的肩头，问道：

“怎么，你们难道不去看秧歌了？”

“不去了，我们要和雷锋叔叔一起支援农业生产去。”

“好啊。”雷锋挑起担子，和小朋友们边向前走边说，“你们从小就应该养成热爱劳动的好习惯，这样长大后才能更好地适应社会，建设祖国。”

在雷锋的带领下，四个人沿着附近的大街小巷，很快就捡了满满的一筐粪。

这件事很快就在建设街小学传开了。孩子们都以雷锋叔叔为榜样，利用课余时间开展积肥活动。开春时，他们积了一大车的粪肥，支援了郊外的农村。

雷锋以自己的实际行动启发教育孩子们要学会克勤克俭、艰苦朴素。学校里有个姓周的小朋友，一天到营房来玩，看见雷锋正坐在床边埋头补袜子，就好奇地问：

“解放军叔叔还会补袜子啊？”

而当他看到雷锋手中的袜子从袜底到袜面已经补了好几种颜色的补丁时，更加好奇了：

“雷锋叔叔，你怎么还补啊？这样的袜子还能穿吗？”

雷锋笑了，一边继续补袜子，一边对这个小朋友说：

“在旧社会，咱们穷人连这样的袜子都穿不上呢！毛主席号召我们

艰苦朴素，你们也该学习一下怎么补袜子啊……”

“可是，补袜子好学吗？”这个小朋友问道。

“补袜子一点都不难。”雷锋说完，就一针一线地教他如何补袜子。在雷锋的教导下，这个小朋友果然开始学着自己补袜子了。

后来，雷锋有几次问他补得怎么样？他摇着头说：

“补了几次，手也被针扎了几次，还没学会。”

“别着急，多学几次就会了。”雷锋鼓励他说。

又过了一段时间，雷锋在街上遇到这个小朋友，他笑呵呵地脱下自己的一只鞋子，抬起脚说：

“雷锋叔叔，你看，我已经学会自己补袜子啦！”

“好啊！真不错！”雷锋十分高兴地看了看他补的袜子，连声夸奖，“补得针脚还挺密实呢！你应该把你补好的这双袜子给同学们看看，让大家都学会自己补袜子。”

此后，不少小朋友的袜子坏了，也都学着自己缝补。

雷锋就是这样，像一个辛勤的园丁培育幼苗一样，耐心地培育着新一代茁壮成长。为此，1962年5月28日，共青团抚顺市委颁发给雷锋一张奖状，上面写着：

奖给少先队优秀辅导员雷锋同志：保持光荣，继续前进。

雷锋的驾驶作风、道德是一流的。在行车过程中，如果经过农村，雷锋会开得很慢很小心，生怕碰到老乡养的猪、牛、羊、鸡等。当时，农村都烧秸秆，下雨之后老乡会把这些秸秆铺到路面上晾干。一般来说，很多车都会直接开过去，但雷锋从来不这样。他总是停下车，先把老乡晾的秸秆搬到边上去，再开着车通过。

第十八章　群众楷模

但愿每次回忆，对生活都不感到负疚。

——雷锋

（一）

雷锋听学校的孩子们说，在运输连的附近住着一位烈属张大娘。她的儿子在抗美援朝战争中牺牲了，雷锋很想去看看这位英雄烈士的母亲，但一直都没抽出时间来。

张大娘也经常听孩子们讲，运输连有个名叫雷锋的战士，自幼父母双亡，受尽苦难，是新社会赋予了他全新的生活，让他过上了幸福的日子；他热情关心帮助同志们，勤恳工作，所以大家都很钦佩他、赞扬他。尤其是那些孩子们，一提起雷锋叔叔，个个都对他赞不绝口，都要表示向他学习。

张大娘也很想见见这位好战士。

1961年初夏，当地居民兴高采烈地准备选举人民代表了。闲谈之中，有人就问张大娘：

“大娘，您准备选谁当代表啊？”

“我觉得呀，要选就选个好样的，我想选雷锋。”张大娘说。

“雷锋是部队里的，你咋去选？”

“大家都说雷锋好，不选他选谁？”

这时，部队的选举工作也在热烈地进行着，全团上下一致都选雷锋为抚顺市人民代表。

不久，团政治处便收到了抚顺市选举委员会送来的一张人民代表证书，上面写着：

雷锋当选为抚顺市第四届人民代表大会代表。

当政治部主任将这张代表证书交到雷锋手中时，这个苦孩子出身的人民战士，怎么也抑制不住内心的激动。他眼含热泪地对主任说：

“请领导放心，我将竭尽全力地表达人民的心声，决不辜负他们对我的信任。”

6月的一天傍晚，一阵大雨过后，天边的彩霞格外绚丽多彩。张大娘手拿着一把铁锹，正在房舍前边的菜园里向外排水。

这时，一个年轻的战士向她走来，老远就打招呼说：

“大娘，您好啊！”

“你是……”张大娘一看眼前这个战士不认识，有些愣住了。

“我是运输连的战士，我叫雷锋。”雷锋笑着回答说。

“雷锋！”老人的眼睛忽然亮了起来，就像见到自己的英雄儿子一样，赶忙走上去握住雷锋的手，上上下下把他打量了一遍。可除了袖口上、膝盖上补了几块整齐的补丁之外，眼前这个青年人并没有任何特殊之处。

“孩子，大娘早就想去看看你了。”老人深情地说。

“大娘，我也早就想来看您了。只是最近我外出比较多，都没抽出时间，一直拖到今天才来。”

“好，好，大娘总算看到你了。”张大娘拉着雷锋的手，笑眯眯地说，“走，到大娘家喝点水去。”

“不啦，大娘。”雷锋顺手拿起一把铁锹，就帮助老人从菜园往外排水。张大娘不让他干，他却非干不可。

张大娘见状，只好和雷锋一起，边干活边聊天。老人讲起了自己的英雄儿子，雷锋也讲起了自己的过去和现在，这一老一少越聊越亲热。

过了一会儿，张大娘关心地问：

“你们部队上也选举人民代表的吧？”

“是的，部队也选。”雷锋回答说。

“那……你们选谁了啊？”

“选……”雷锋话到嘴边，又咽了回去，谦虚地笑了笑。

“不管你们选谁，反正大娘是打心眼里觉得应该选你。”张大娘说。

“选我？”雷锋被大娘的话震动了。这让他不由得想起了那张人民代表证书，那上面凝结了多少母亲的嘱托、人民的期望啊！雷锋深深地感到自己肩上的担子更重了。

（二）

7月27日傍晚，雷锋刚刚出车回来，工作服还没脱下来，连队文书就跑来喊他马上到连部去。

雷锋来到连部，高指导员将一份抚顺市人民委员会的通知书交给了他。通知书上写着：

市人民代表雷锋同志：

兹定于七月三十一日午前八时在抚顺宾馆召开第四届人民代表大会第一次会议，会议预计四天，希望七月三十日午后三时前到抚顺宾馆报到。如有提案请随身带来。

雷锋拿着这份通知书，十分激动。高指导员既高兴又关切地说：

“雷锋啊，参加人民代表大会是一件大事，你要抓紧这两天的时间，认真准备一下，明天就不要出车了。”

但雷锋想了想，说道：

“我会珍惜人民给我的这次机会，但连里运输任务很紧张，车还是出吧，我会在业余时间抓紧准备的。”

“好。”高指导员赞成地说，“希望你两项工作都不耽误。”

“是！”雷锋的回答坚定而有力。

于是，第二天、第三天，雷锋都照常坚持出车。直到第四天（7月30日）上午，雷锋才留在家里，将自己驾驶的13号车认真检查、保养了一次，又向助手认真交代了一番，这才脱下工作服，换上一身整洁的军装。午后，他带着这几天赶夜准备的材料，告别了连队的战友们，准时来到抚顺宾馆。

在开会之前，大会秘书处发给代表们每人一个文件袋，里面装着十多份会议文件。一个孤儿出身的普通士兵，能够光荣地成为人大代表，出席市一级的人民代表大会，雷锋内心的激动是可想而知的。他激动地想：这才是真正的民主、真正的人民当家作主啊！

因此，雷锋抓紧时间，认真地阅读了这些会议文件。

在会议休息期间，雷锋还在自己的文件袋上写了一篇直抒胸臆的日记，其中写道：

今天是我不能忘记的日子，我光荣地参加了抚顺市第四届人民代表大会第一次会议。像我这样一个孤苦的穷孩子，能够参加这样的大会，心里有说不出的高兴和感激。

过去当牛马，今天做主人，
参加代表会，讨论大事情。

人民有权利，选举自己人，
掌握刀把子，专政对敌人。

衷心拥护党，革命永继承，
哪怕进刀山，永远不变心。

通过在大会期间的学习和讨论，雷锋深刻地认识到：在党和毛主席的英明领导下，我们伟大的社会主义祖国，工业提前完成了第二个五年计划的主要指标；农业在遭受了严重的自然灾害后，不仅取得了较好的收成，还为今后的农业增长提供了有利的条件；财政贸易、交通运输、文教卫生等事业，也都有了相当大的发展。雷锋为国家取得的这些巨大成绩感到欢欣鼓舞，干劲十足。

就在开会期间，在8月3日的日记上，雷锋写道：

我要坚决听党的话，一辈子跟着党走，认真贯彻党的方针政策……我会全心全意为人民服务，永生为伟大的共产主义事业而奋斗。

（三）

雷锋住在抚顺宾馆的二楼，他的隔壁房间住着6位年过花甲的老年妇女代表。她们当中有劳动模范，有科学工作者，也有教育工作者。她们虽然都已经退休，但仍然在为国家建设发挥余热，作出了许多贡献。

雷锋十分敬重这些老人，在会议间隙，他常常到这些老人的房间去，同老人唠家常，谈参加会议的感受，时刻不忘向这些前辈们学习。

每次出入会场、上下楼梯，雷锋都主动向前去搀扶老人，向她们问好，早晚还经常帮助她们打扫房间、打来开水。

这些老人也十分喜欢雷锋，每次见面，都“小雷、小雷”地亲切地叫着，就像母亲呼唤自己的孩子一样。

看到这些可爱可敬的老人，雷锋就想起了烈属张大娘，想起了千千万万的革命母亲，心中像充满阳光一般温暖。他想：我们的社会主义祖国给这些在旧社会受尽苦难的老人带来了多么幸福的晚年啊！

后来，雷锋还写了一篇日记，专门记录了自己在参加人民代表大会期间与这些老人相处时的心情：

我看见有六位六七十岁的老太太来参加抚顺市第四届人民代表大会，内心十分羡慕和尊敬。我看到她们就好像看到了自己的祖母一样。拉着她们的手，微笑地向她们问好，并把她们一个个送到宿舍，给她们倒茶、打水，并和她们有趣地拉家常……从阶级友爱出发，我不但爱这些老太太，而且爱全国人民，爱全世界的劳苦大众。他们都是我的亲人，我要为他们的自由、解放、幸福而贡献自己的毕生精力，甚至最宝贵的生命。

也是在8月3日这天，根据会议代表的要求，大会秘书处安排雷锋作大会发言。雷锋虽然事先毫无准备，但却表现得胸有成竹。

他登上讲台，从容不迫地讲了20多分钟，讲了自己一家在旧社会的遭遇，讲了自己本人在那段时间里所遭受的种种苦难，讲了新中国成立后自己所经历的翻天覆地的变化。最后，雷锋动情地说：

“我要坚决听党的话，一辈子跟着党走，认真贯彻党的方针政策。对党有利的话，有益的事，我要多说多做；对党不利的话，没有益处的事，我坚决不说不做。我要全心全意为人民服务，永生为党的事业努力奋斗！”

作为一名普通的士兵，一位人大代表，雷锋不断用自己一点一滴的实际行动实践着这些铮铮诺言。

第十九章　军民一家

单丝不成线，独木不成林。一个人是办不了大事的，群众的事一定要发动群众、依靠群众自己来办。

——雷锋

（一）

1961年夏天，雷锋被任命为四班的班长。几天后发生的一件事，让雷锋感触颇深。

那天，二排长通知四班派一辆车到附近的农场拉菜。雷锋考虑到班里新调来的两名同志还没出过车，自己带他们俩去，既不会影响班里的正常出车，又能完成临时的拉菜任务。于是，他就带着这两位同志出发了。

路上，汽车电路出现点故障，三人修好后赶到农场，天已经要黑了，农场的同志都已经吃过了晚饭。雷锋一边装车一边想：两个新战友跑了这一趟，午饭又吃得比较早，可能早饿了。等装完车赶回连队吃饭，就太晚了，而且还要麻烦炊事班的同志重新做饭。

出于对战友的关心，雷锋就找农场管理员商量，看农场能否给他们

做点晚饭。农场同志听说雷锋他们还没吃晚饭，就立即派人准备好了。雷锋跑过来喊两个战友吃饭，可两人正忙着装车，硬是不肯吃，说：

“天就要黑了，我们的车灯又坏了，还是赶紧装完菜再吃吧。”

“忙活了一下午，你们不饿吗？”雷锋关切地问，“这里已经准备好了饭，吃完再走，也免得回连里还要麻烦炊事班的同志。”

一个战友说：

“麻烦自己总比麻烦别人强啊。”

另一个也说：

“班长，要不你先去吃饭，我们在这里装车……”

雷锋见两位战友都不去，有些为难，只好又找到农场管理员说明情况，表示了谢意。等他们装完车赶回连队后，已经是晚上10点多了。

这件事还没等雷锋向排长汇报，跟随雷锋同去的两位战友已经向排长反映了：

“咱们班长办事有些主观，到农场拉菜还要麻烦人家做饭，也不找我们商量商量。”

二排长是个很直爽的同志，听了反映后，便找到雷锋，语重心长地说：

“当好一个班长很不容易，今后办事要多与群众商量，注意工作的方式方法。你看，班里现在有人说你办事主观呢！”

“班里……”雷锋一听，就知道是同去的两位新战友向排长反映情况了，他立即将拉菜吃饭的事向排长作了汇报，并诚恳地说：

“今天我当了班长，对于战士的反映和意见丝毫不能轻视。我一定克服缺点，做好工作。”

前些时候，新调来的虞班长也找雷锋谈过话，句句都打动了他的心。虞班长说：

“雷锋啊，火车头的力量很大，如果脱离了车厢，就不能起到什么作用了。一个人做工作，如果脱离了群众，也会一事无成……”

雷锋很重视虞班长的嘱咐，当晚就将虞班长的话写入了自己的日记本。他想：虞班长说得很对，今后无论做什么，都要严格要求自己，走群众路线，依靠群众，发动群众，团结群众，从而一起为我们的革命事业贡献力量。

（二）

1962年的春天，雷锋带领全班同志和兄弟班的几个战友，远离连队，单独到铁岭山下的一个偏僻的山区执行国防工程运输任务。

雷锋他们宿营的地方是一个傍山临河的小山村，住有几十户人家。村里的乡亲们听说部队要驻扎在这里，都非常高兴，大家纷纷腾出自己的房子，争着要战士们到自己家中去住。

雷锋见状，便叫大家先将背包放在村头，然后领着几位同志挨家挨户地走走看看，问寒问暖。经过查看，他发现乡亲们的住房多半是南北炕，有的甚至是三代人挤在一间屋子里，十分拥挤。如果再让同志们住进去，势必会给乡亲们增添困难。

正在这时，战士小于高高兴兴地跑过来，对雷锋说：

“班长，走吧，住处已经安排好了。”

“怎么安排的？”雷锋忙问。

“村头王大爷把他家一间最好的房子腾出来让给我们了，非要我们把背包搬进去不可。”

“那你搬了吗？”

“已经搬完了。”

雷锋在进村时，到过王大爷家，知道王大爷家的住房比较紧张，因此当时就谢绝了王大爷的一番心意。可这刚一转身，小于就领着搬进去了！雷锋想：群众住房都比较挤，王大爷把家中最好的那间房子腾给我们，他们怎么住呢？

于是，他将全班同志召集在一起，说出了自己的想法，最后说：

“我认为，我们宁可住在外面，也不能给乡亲们造成不便和困难。”

小于听了，插嘴道：

“乡亲们那么热情，给我们腾出了房子，我们却不去住，这合适吗？”

雷锋语重心长地说：

“乡亲们是关心我们，我们应该感谢，可我们更应该体贴乡亲们的困难啊！”

大家觉得雷锋说得有道理，也都纷纷表示不住在老乡家中。可是，这山沟里没遮没盖的，能住在哪里呢？

雷锋考虑了一下，立即将大家带到村后的山脚前，按照战备要求，选了一处比较隐蔽的地方，号召大家先在这里动手修建停车场。他说：

“你们先将汽车的‘住处’找好了，我去想办法解决大家的住宿问题。”

说罢，雷锋就到后勤处驻地去了，并向后勤器材处领导汇报了住房问题。后勤器材处的领导同志觉得雷锋的做法很合适，便立即批准给他们一顶军用帐篷。

当晚，大家就将这顶帐篷在新开的车场旁边支起来了。随后，大家来到王大爷家，说服了王大爷，然后高高兴兴地把背包搬进了新的住处。雷锋及同志们的山区生活就这样开始了。

村里的乡亲们见解放军战士这样热爱人民，十分感动。他们经常指着这顶军用帐篷对外村的人说：

“你看，我们村里又多了一户人家啊！这些同志真是好的没得比啊！”

当时正值春耕的大忙季节，乡亲们起早贪黑地在田里忙活。雷锋带领全班战友，一面积极完成运输任务，一面抓紧点滴时间做好群众工作，或和乡亲们一起到田里干活，或者帮助群众挑水、起粪、扫院子。乡亲们从田里干活回来，发现自己家里的水缸里装满了水，屋里屋外都被扫得干干净净，都非常感动，纷纷夸奖雷锋他们是群众的贴心人。

（三）

5月的山村，到处都是犁田耕种。一天，雷锋在车场保养完车辆后，放下工具，就跑到田里，对正在扶犁耕地的王大爷说：

“大爷，我想跟你学习犁地可以吗？”

“你学犁地干啥？”王大爷见雷锋刚从车底爬出来，满身油泥，满脸是汗，就说，“你还是赶紧歇着去吧，田里再忙，也用不着你忙活。”

“您就让我学一学吧！”雷锋边恳求，便跟着王大爷的犁杖走，同时还仔细地观察王大爷怎样扶犁，怎样驱赶牲口。

王大爷见雷锋这么专心，就停下来，将犁杖把手和牲口缰绳递给雷锋，说：

“你这么想学，就试试看吧！”

雷锋学得很用心，加上王大爷的指点，很快他就摸到了技巧，地垄也越来越直，耕得也越来越好。王大爷见状，高兴地伸出大拇指称赞道：

“学得还真不赖！”

过了一会儿，王大爷怕雷锋累着，就让他歇一会儿再干，但雷锋硬是抓住犁杖不撒手，一口气干了两个多小时，直到饲养员过来牵牲口去喂料，他才放下犁杖。

此后，每天雷锋只要一有空闲，就跑到田里帮乡亲们犁地，不是在这个村犁上几个小时，就是在那个村里犁上几个小时……

一天，雷锋和助手小乔给施工部队运送给养回来时，路过一个小山村。由于下雨，地面上有许多泥坑，汽车不小心陷入淤泥当中，怎么也出不来，雷锋只好跑到村里去借撬杠。

在村头，雷锋遇到一位老大娘。老人一见是一位解放军战士，就问：

“你有什么事吗？”

“我们的车陷进淤泥里了，想到村里借根撬杠试试。”雷锋说。

老大娘二话没说，带着雷锋来到自家的房子后面，找了一根碗口粗一人多高的硬木杆子。

“快拿去用吧。”

雷锋非常感谢大娘的热心帮忙，拿着木撬杠跑到车前。在木撬杠的作用下，车子终于从淤泥中拔出来了，但不知为何，突然又熄火了。

这时，天已经黑了，雷锋的身边又没带手电，打亮车灯也无济于事，小乔泄气地说：

“这下可完了，今天晚上只能在山野宿营了。”

“那可不行。”雷锋说着，扛着木撬杠准备返回老大娘家，向老大娘借盏灯。

走到半路，雷锋发现木杠子的一端因为撬车而沾满了泥浆，很脏，就又返回到河沟旁，把木杆上的污泥洗干净后，才扛着木杆来到老大娘家。

山村人都睡得早，老大娘也正在铺床准备睡觉。看到雷锋又来借灯，老人赶紧把一盒火柴和油灯都递给了雷锋，说道：

“快拿去用吧，可别耽误了事！”

雷锋又提着灯来到车旁，和小乔一起排除了汽车故障，发动了汽车，连夜赶回了驻地。

第二天早晨，老大娘一出屋，就看见窗台上放着自家的那盏油灯和那盒火柴。老人端过油灯一看，灯里的油已经被雷锋装得满满的了，老人不由得自言自语道：

“这个小战士啊……”

雷锋就是这样，时时处处都以一个普通党员和普通战士的标准严格要求自己。不论在何种情况下，他都将群众的利益放在第一位。

第二十章　不骄不躁

把别人的困难当成自己的困难，把同志的愉快看成自己的幸福。

——雷锋

（一）

1961年底时，连队进行冬训总结。在全连的军人大会上，连长表扬了四班副班长周述明和几个战士，对班长雷锋却只字未提。

雷锋在部队中处处以身作则，带领全班摸爬滚打，各项工作都身先士卒，技术考核成绩也比别人突出，为什么反倒没有受到表扬呢？

原来，在这次会议总结之前，雷锋曾向连里汇报工作。在汇报时，雷锋主动提出表扬副班长周述明和班里的其他几名战士，而他自己不但不希望被连队表扬，还作了深刻的自我批评，说自己外出活动太多，每次外出，都是副班长周述明负责全班的工作，班里每个人的工作积极性都很高，也都很自觉。如果自己能够减少外出，将大家的积极性进一步调动起来，四班会取得更大的成绩。

自从入伍以来，雷锋被记过一次二等功、两次三等功，还多次受到团、营的嘉奖，先后被评为“学习毛泽东著作积极分子”“艰苦奋斗的节约标兵”“少先队优秀辅导员”“模范共青团员”等，报纸和电台也经常对他的模范事迹进行广泛的宣传。

虽然雷锋得了很多荣誉，但他一点都没有表现出骄傲，总觉得自己对党和人民的贡献太少。

一次，雷锋到兄弟部队去办事，这时他已经小有名气了。他刚一到部队，就听见有几个战士正在议论他。

“这个人是雷锋。”一个战士说。

“是吗？不是吧？”另一个不敢肯定。

“我看很像。”

“雷锋一定是下士了，哪能还是个上等兵呢？”

……

雷锋听完后，心里想：我为什么一定要是个下士呢？立功受奖只能说明我做了一点儿自己该做的事而已，这是每个革命战士都应该尽的责任，为人民服务可不一定非要成为下士才行！如果将党和人民给我荣誉当成讨价还价的筹码，为自己要军衔，那就不符合共产党员的标准了。

这虽然只是一件很小的事，但却引起了雷锋的警惕。此后，他引以为戒，时刻提醒自己：荣誉越多，说明党和人民对我的要求就越高；我只能更加努力地去做，不能有一丝一毫的松懈，更不能为个人争荣誉、争地位。

雷锋是这样想的，也一直都是这样做的。1962年2月29日，是雷锋永远都不能忘记的一天。这天，沈阳军区召开了首届共青团代表大会，雷锋被选为主席团成员，与沈阳军区的高级将领们一起坐在主席台上。这对于一个入伍刚满两年的年轻战士来说，是极其难得的。

雷锋当时十分激动，他在当天的日记中这样写道；

今天是我永远不能忘记的日子。像我这样一个穷孩子，能光荣地参加这次沈阳部队召开的首届团代会，感到万分激动，能见到上级首长，直接听到首长的报告和指示，更是感到荣幸。首长特邀我参加这次隆重的团代会，并选我为主席团的成员，能和首长坐在一起，能和来自四面八方的英雄模范见面等等，这一切都是我过去做梦也想不到的。

我这次参加团代会，既感到高兴，又感到惭愧。高兴的是：有党和毛主席的好领导，全军共青团工作取得了巨大的成就；惭愧的是，我为党和人民做的工作太少了，比起其他代表，我差得太远了。但是，我绝不甘心落后。我想，只要听党和毛主席的话，积极肯干，就能为祖国为人民做出许多好事。我相信自己，别人能做到的事，我一定能做到。我绝不辜负党和人民对我的期望……

当时出席会议的许多代表也都了解雷锋的事迹，有的还将报纸上登载的《雷锋日记》抄写在自己的笔记上，用来鞭策自己。因此，会议期间，很多同志都来找雷锋签名，表示要向他学习。

每当遇到这种情况，雷锋都会十分谦虚地说：

“我做得还不够好，我是来向同志们学习的。”

（二）

雷锋给自己提出了四点要求；

第一，要永远听党和毛主席的话，党指向哪里，就冲向哪里，处处以整体利益为重，全心全意为革命工作，勤勤恳恳，踏踏实实，在平凡细小的工作中，干出不平凡的成绩。

第二，勤奋学习，认真学习毛主席的著作，刻苦钻研技术和业务，做个又红又专的革命战士。

第三，密切联系群众，相信群众，虚心向群众学习，团结带领群众一同前进，永不自满，永不骄傲，永远谦虚谨慎，紧紧与群众团结在一起，共同为党的伟大事业而奋斗。

第四，积极肯干，做到说干就干，干就干好，脚踏实地、实事求是地干，千方百计地干，扎扎实实地干，事事都拣重担挑，顺利时干得欢，受挫时也要干得欢，一定要将所有的事情都干得好上加好。

为了实现以上几点要求，在整个会议期间，雷锋都在聚精会神地听取每位代表的发言，认真做笔记，还经常找代表们谈心。

在开会时，他是主席团成员；回到招待所，他又成了大家的服务员。每天，雷锋都起得很早，然后帮助服务员擦地板、刷厕所、扫走廊；开饭时，他又忙着帮助炊事员端饭、送菜……

雷锋在会议期间所写的日记中，一再告诫自己不要骄傲。他写道：

> 骄傲的人，其实是无知的人。他不知道自己能吃几碗干饭，他不懂得自己只是沧海之一粟……
>
> 这些人好比是一个瓶子装的水，一瓶子不满，半瓶子晃荡，可是还晃荡不出来。这有什么值得骄傲的呢？我要不断地加强学习，提高自己的思想觉悟，经常开展批评和自我批评，随时清除思想上的毛病，在伟大的革命事业中做一颗永不生锈的螺丝钉。

会议结束时，雷锋还一再征求代表们和招待所服务员对他的意见。大家都提出了不同的意见，他便又在自己的日记中告诫自己：

> 雷锋呀，雷锋！我警告你牢记：千万不可以骄傲。你永远不能忘记，是党把你从虎口中拯救出来，是党给了你一切……至于你能做的一点事情，那是自己应尽的义务。你每一点微小的成绩和进步都应该归于党，要记在党的账上。

不论对待任何工作，雷锋都是这样认真严谨。在两年半的时间里，他安全行车23500余千米，从未发生过事故。但他还是不放过任何学习的机会。

一次，他在抚顺开会，期间乘坐一位老司机开的大客车到煤矿去参观。他发现，这位老司机看见远处有人横过马路时，就按了一下喇叭。雷锋就想：这距离人群还那么远，怎么就按喇叭了呢？

参观结束后，雷锋立刻回到车上向老司机请教。老司机说：

“咱们为人民开车，就得为人民的安全着想啊！开车安全不安全，人命关天，一点都马虎不得！”

老司机的话让雷锋深受启发。回到连里后，他特意组织全班同志一起讨论安全行车问题，中间他还举了那位老司机的例子，说：

“人家开车的时间比我们的年龄还长，可对工作还是那么细心、谨慎，时刻都想着人民，真是值得我们学习！”

雷锋经常会收到来自全国各地热情赞扬他、鼓励他的信件，而到底收到过多少封，他自己也记不清了。据连部文书说，前后共有200多封。同志们都将这些信件看成是部队的荣誉和雷锋的光荣，而雷锋却谦虚地说：

“我不过是个普普通通的战士，我要永远戒骄戒躁。”

（三）

一天，在雷锋身上发生了这样一件小事。

那是在这天的午饭前，雷锋到炊事班打饭。看到一个饭盆里放着锅巴，雷锋就顺手拿了一块放在嘴里嚼起来。

一名炊事员碰巧看到了，就半真半假地笑着说：

“雷锋同志，自觉点啊！”

雷锋一听，顿时感到脸上火辣辣的，有些生气。他什么也没说，把手里的锅巴扔回饭盆，转身就走出了伙房。

在连队里，战士们在吃饭前都要唱一首歌，而且吃饭过程中还要专门安排一个人为大家读当天的报纸，这叫“饭堂读报活动”。

雷锋是连里的读报员，开饭时，他就给大家读报，读到了毛主席所说的这样一段话：

> 因为我们是为人民服务的，所以，如果我们有缺点，就不怕别人批评指出。不管是什么人，谁向我们指出都行。只要你说得对，我们就改正。

雷锋感到这些话好像就是针对自己讲的，他十分后悔自己刚才在伙房的行为，更不应该那样对待炊事班的战士。

读完报纸，吃过午饭后，雷锋就来到炊事班，向刚才说他的那位战士道歉，检讨自己拿锅巴的行为是不对的。他说：

“如果我们每个来打饭的人都到伙房中乱抓乱拿，那还像话吗？”

雷锋还承认，自己刚刚听到一句不顺耳的话就赌气，接受批评的态度不好。

炊事班的那位战士没想到雷锋会对这样一件小事如此认真，便感慨地说：

“四班长，你对自己要求这样严格，真值得我们学习啊！”

雷锋是部队中很有名望的一个典型，因此慕名上门来与雷锋交流、请雷锋题字的人很多。当然，雷锋也有被人误解的时候。对于这些，雷锋并不会太在意，也不去深究。他的想法很简单，自己是一名共产党员，是一个班的班长，理应接受群众的监督。对于他人的猜测、误解和批评，哪怕只有百分之零点几的可取之处，自己也要虚心接受，从而做到“有则改之，无则加勉”。

1962年8月10日，雷锋在日记中写道：

今天，我认真学习了一段毛主席著作，其中有两句话对我教育最深。毛主席教导我们说：“虚心使人进步，骄傲使人落后。”这是千真万确的真理。过去，我在一切言论和行动中，按主席的教导做了，因此我进步了；现在，我仍要牢记主席的这一教导，坚决努力，要求自己更好地做到这一点。今后，我要更加珍爱和尊重人民，永远做群众的小学生，做人民的勤务员。

然而不幸的是，谁也没有料到，这竟然是雷锋同志一生中的最后一篇日记。5天后的8月15日，雷锋同志的生命在22岁上定格，成为永远。

一个星期天，雷锋的战友王大力把所有战士们的袜子和衣服都洗了。雷锋正在晾衣服时，发现自己的旧袜子不见了，就到处寻找。这时，王大力走过来说："雷锋，你有那么多存款，还这么舍不得买一双袜子？你瞧，你这双袜子穿在脚上不嫌难受？"雷锋说："只要不耽误我的工作就可以啦！"王大力又说："那你不觉得难看吗？"雷锋笑了笑，说："咱们军人不是把袜子穿给别人看的。"

第二十一章　英雄永生

骄傲的人，其实是无知的人。他不知道自己能吃几碗干饭，他不懂得自己只是沧海一粟。

——雷锋

（一）

1962年8月15日这天，天气阴霾，细雨霏霏。上午8点多，雷锋和他的助手小乔驾驶着13号车，从山区工地上风尘仆仆地赶回抚顺驻地。

这次，雷锋是返回来拉施工器材的，任务不算急，他就在回来的路上与小乔商量，要利用这天上午的时间，到他辅导的两所小学去看看孩子们，下午再抽点时间去看看烈属张大娘。听说老人病了，他还想买点什么给老人送过去。雷锋想，如果下午三四点钟能装完车，熄灯前赶回工地是没有问题的。

当时，连队里的人很少，只有王副连长和几个勤杂人员在家。雷锋把车开进连队的车场，停稳后跳下车来。但由于这段时间一直下雨，国防施工的道路泥泞，他发现车轮上沾满了泥巴，车身上也溅了不少泥水。一种强烈的责任感，让雷锋顾不上休息，便立即让他的助手小乔把车子开到营房边的一块空地上去冲洗一下。

小乔跳上驾驶座，发动了车子。从车场到营房边去洗车，需要经过营房前一段比较狭窄的过道。为了安全起见，雷锋就站在过道边上摇着手臂指挥小乔倒车拐弯：

“向左，向左……倒！倒！……”

汽车倒退到了拐弯的地方，然而令人没想到的是：汽车的左后轮一下子滑进了道边的水沟里，车身猛地一摇晃，刚好碰倒了一根连队战士们平时用来晾衣服、被子的方木杆子。

此时雷锋正在全神贯注地指挥小乔倒车，根本没注意到倒过来的方木杆子，结果方木杆子正好砸中了他的头部，雷锋当即昏倒在地……

小乔在车镜里见此情景，慌忙从车上跳下来，扑倒在雷锋身旁，把他扶起来。

“班长！班长！……”

雷锋只抬了抬手，张张嘴似乎想对小乔说什么，但却一句话也没说出来。

在营房的战友们听到小乔的呼喊声，也都纷纷跑了出来，大家都焦急万分地喊着：

“雷锋！雷锋……”

雷锋睁睁眼想要起来，但没有起成。

战友们立即将雷锋送到附近的职工医院进行抢救。王副连长立即用电话向上级领导报告了雷锋的负伤情况。

不久，团、营、连各级首长都纷纷赶到了医院。

王副连长亲自驾驶汽车，开足马力，飞一般地从抚顺直奔沈阳，用最快的速度将沈阳部队总医院的著名脑神经医生接到了雷锋的床前。

遗憾的是，由于伤势过重，大脑溢血，雷锋同志已经停止了呼吸。他再也听不见医生们焦急的呼唤，再也听不见助手小乔那悲痛欲绝的

哭声，再也听不见战友们难以抑制的呜咽了。跑得浑身是汗的王副连长扑倒在雷锋床前，泣不成声。

雷锋，这个劳动人民的好儿子，中国共产党的优秀党员，我们亲爱的战友，年仅22岁便与我们永别了！

雷锋牺牲的不幸消息传到了雷锋担任辅导员的两所小学里，同学们都被惊呆了。他们谁也不相信，谁也不愿意相信，这个消息太突然了！

他们一群群地跑到运输连里，在确信真的再也见不到雷锋叔叔的时候，一个个都痛心地哭了。从此，他们失去了一位亲爱的辅导员，失去了一位衷心热爱他们、帮助他们的解放军叔叔！

烈属张大娘听到雷锋牺牲的消息后，老泪纵横。她一遍一遍地对前来看望她的人们述说着雷锋对她的深情厚谊。

老人让刚刚上学的小孙女准备了一张白纸，她要将自己的心里话亲手写成悼词来追悼雷锋。老人先在白纸上一字一泪地打底稿，不会写的字就问别人。这样写了改、改了写，不断地问，不断地改，眼泪都要流干了，整整用了一个晚上才打好了底稿。

第二天一大早，老人就赶紧用墨笔一个字一个字地描出来。写好后，她又念给小孙女听，觉得还没有表达出自己的心意，于是又在旁边竖着写了这样一行字：

“雷锋和我的儿子是一样的。我也要学习雷锋……”

小孙女领着老人来到雷锋所在的连队，老人郑重其事地交上了对雷锋的一片真情追思。

（二）

雷锋牺牲的当天晚上，团党委连夜开会，讨论治丧事项。第二天一大早，团党委便向上级党委报告了雷锋因公牺牲的情况。

第三天，在抚顺市望花区政府礼堂中，雷锋同志的追悼会隆重举行。上级领导机关和当地党政军民学校送来的花圈数以百计，前来参加追悼会的人也络绎不绝。

追悼会上，人们怀着极其沉痛的心情，缅怀了这位舍己为人、大公无私的好战士。追悼会后，成千上万的人民群众，其中有工人、农民、战士、学生、机关干部；有医院的伤病员、家庭妇女、白发苍苍的老人、未达学龄的儿童。他们一个个都臂戴黑纱、胸佩白花，以沉痛的心情，护送着雷锋同志的灵柩向烈士陵园走去……

“活着就是为了使别人过得更美好”，“生为人民生，死为人民死”。人们无限怀念这位年轻的战士，因为他短暂而光辉的一生，完全、彻底地做到了他生前在日记中所记下的那四句名言：

对待同志要像春天般的温暖，
对待工作要像夏天一样的火热，
对待个人主义要像秋风扫落叶一样，
对待敌人要像严冬一样残酷无情。

为了纪念和学习这位好战士，团党委首先在运输连举办了雷锋事迹展览。

接着，抚顺市也举办了雷锋事迹展览。

沈阳部队组织了雷锋事迹报告团，团员的足迹踏遍全东北。

国防部命名雷锋生前所在的四班为“雷锋班”。

共青团中央追认雷锋为全国少先先锋队优秀辅导员。

全国的一些著名诗人、作家等，都纷纷写诗、著文，来热情歌颂这位青年一代的楷模……

“学习雷锋好榜样”的歌声逐渐响遍了全中国，人们到处都在传颂着雷锋同志的英雄事迹。全党、全军和全国人民，尤其是全国的青少年，都发出了一个共同的声音：

“向雷锋同志学习！”

“走雷锋成长的道路！”

榜样的力量是无穷的。“雷锋”这个名字，教育着青少年一代，鼓舞着亿万人民。

北京的一位工人说：

“雷锋同志是一面镜子，他能照见人们的心灵。谁用这面镜子经常照照自己，谁就能够成为一个有益于人民的人。我今后一定用这面镜子经常对照自己，做一个雷锋式的工人。”

辽宁省的一位农民说：

“雷锋是我们党培养的好青年，是咱贫下中农的好后代。咱们还要教育青年一代，让他们都像雷锋那样，咱们的国家就能建设得更加美好。”

在雷锋的家乡湖南省，一位盲人用盲文写道：

“雷锋啊！雷锋！我虽然双目失明，但我还有双手，我也要像你那样，做一颗永不生锈的螺丝钉。”

幼儿园里的一些刚刚学会说话的小朋友说：

“雷锋叔叔好，雷锋叔叔好，我们长大了也要做雷锋叔叔那样的人。”

英雄刘英俊，在自己劳动用的锄把上刻上毛主席给雷锋的题词——“向雷锋同志学习”。他自己还写了一首诗，其中写道：

雷锋啊，我的战友！
你的生命，在我的身上延续，

你的热血，在我的身上沸腾。

……

在长城内外，大江两岸，在我们伟大祖国的土地上，成千上万个雷锋式的战士在成长，为社会主义革命和社会主义建设贡献着青春和力量。

为了继承和发扬雷锋同志的革命精神，在长沙、鞍山和抚顺等地，分别建立了“雷锋纪念馆”。雷锋生前所在的公社、大队和学校，都以雷锋的名字命名。

雷锋爱憎分明、公而忘私、奋不顾身、艰苦奋斗、助人为乐，将有限的生命投入到无限的为人民服务之中的英雄业绩，已经成为千百万人民群众的宝贵精神财富。时代呼唤雷锋，人民怀念雷锋，社会需要雷锋。雷锋的先进思想和模范事迹，已经成为社会主义精神文明的一座丰碑。

雷锋生平大事年表

1940年　12月18日，雷锋出生在湖南省望城县安庆乡（现雷锋乡）简家塘一户贫苦农民家里。这一年系农历“庚辰”年，因此父母给他取乳名为“庚伢子”。

1947年 父母、兄弟相继悲惨死去，年仅7岁的雷锋成了孤儿。

1949年　雷锋家乡解放。安庆乡人民政府成立。雷锋担任过儿童团大队长。

1950年 进入刘家祠堂小学读书。

1954年 考入清水塘完小，加入少先队，被选入中队委员。

1955年　转入荷叶坝小学。

1956年　从荷叶坝完小毕业。在生产队当了近3个月的秋征助理员，搞征收公粮工作。后转到安庆乡政府当通讯员。

1956年 到望城县委当公务员。

1957年　光荣加入中国新民主主义青年团，同时被评为县委机关工作模范。担任望城县治沩工程指挥部通讯员。治伪工程结束，被评为治伪模范。

1958年　响应望城县团委提出的捐献一台拖拉机的号召，捐款20元，成为全县青少年中捐款最多的一个。县委决定派雷锋学开拖拉机。由原名雷正兴改名为雷锋。到鞍山钢铁厂参加社会主义建设，被分配在鞍钢化工总厂洗煤车间当推土机手。不久，出席鞍山市青年社会主义建设积极分子代表大会。

1959年 报名到鞍钢矿山参加新建焦化厂工作。

1960年 参军，成为驾驶员。记三等功一次。被立为“节约标兵”。成为中国共产党党员。

1961年 当选辽宁抚顺市第四届人民代表大会代表。被提拔为运输连四班班长。

1962年 晋为中士军衔。出席工程兵十团代表大会。以特邀代表身份出席沈阳军区首届共产主义青年团代表会议，并在大会上发言。被共青团抚顺市委评为抚顺市优秀校外辅导员。8月15日上午10时，不幸负伤，因抢救无效于12时05分牺牲。